Л.В. МИЛЛЕР, Л.В. ПОЛИТОВА

러시아어 인텐시브 회화 2

뿌쉬낀하우스

러시아어 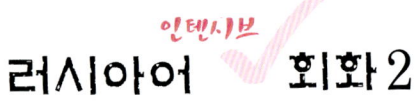 회화 2

초판 1쇄 2006년 11월 17일
개정판 3쇄 2024년 7월 26일

지은이 Л.В. Миллер, Л.В. Политова
옮긴이 뿌쉬낀하우스 출판부
펴낸이 김선명

펴낸곳 뿌쉬낀하우스
편집 박인선
주소 서울시 중구 퇴계로 20나길 10, 2층 202호
전화 02)2237-9387
팩스 02)2238-9388
이메일 pushkinbook@naver.com
홈페이지 www.pushkinhouse.co.kr
출판등록 2004년 3월 1일 제2004-0004호

ISBN 978-89-92272-02-5 18790

ⒸЗАО «Златоуст», 2003
Настоящее издание осуществлено по лицензии, полученной от ЗАО «Златоуст».
ⒸPushkin House, 2006

이 책의 국내 저작권은 «Златоуст»(즐라또우스뜨) 출판사와 독점 계약한 뿌쉬낀하우스에 있습니다.
저작권법에 의해 한국 내에서 보호를 받는 저작물이므로 무단 전재나 무단 복제를 금합니다.

※잘못된 책은 바꿔 드립니다.

※ 스마트폰을 통하여 QR코드를 스캔하면 MP3파일을 바로 청취할 수 있습니다.

러시아어 인텐시브 회화 2

뿌쉬낀하우스

차 례

Содержание

머리말 ...	5	Предисловие
1과 자기소개 ...	6	Расскажи мне о себе
2과 가족 ...	25	Семья
3과 집, 아파트 ...	40	Дом. Квартира
4과 나의 하루 ...	54	Мой день
5과 도시 ...	69	Город
6과 가게에서 ...	83	В магазине
7과 교통수단 ...	97	Транспорт
8과 레스토랑에서 ...	111	В ресторане
9과 초상화 ...	127	Портрет
10과 극장, 영화 ...	144	Театр. Кино
11과 직업, 교육 ...	163	Профессия. Образование
12과 전통, 관습, 명절 ...	179	Традиции. Обычаи. Праздники
단어사전 ...	198	Словарь

머리말

〈러시아어 인텐시브 회화〉 시리즈는 러시아어 회화를 집중적으로 익힐 수 있도록 단계별로 구성되어 있으며, 각 단계별로 주교재, 워크북(Workbook), 청취CD로 이루어져 있다. 이 시리즈는 원어민 선생님과의 효율적인 학습을 위해 제작되었으며, 대학 교재로도 적합하다. 대학교 러시아어 교재로서 사용될 경우에는 두 학기용으로 한국 선생님의 문법 설명 및 Workbook과 함께 학습할 경우 효과적이다.

〈러시아어 인텐시브 회화 2단계〉는 토르플(ТРКИ)의 기본단계(базовый уровень)에 부합하는 내용으로 이루어진 회화 교재로서 다양한 테마에 따른 12과로 구성되어 있으며, 120-150시간의 학습 시간을 기본 학습량을 한다.

■ 본 교재의 구체적인 특징은 다음과 같다.

1. 학습목표 및 과제 (Комплекс вопросов по теме урока)
2. 핵심 표현 정리 (Речевые образцы)
3. 텍스트 (Текст)
4. 문법 도표 (Граматические таблицы и схемы)
5. 연습문제(Комплекс упражнений)
6. 회화 대비 연습 문제(Готовимся к разговору)
7. 대화 텍스트(Диалоги)
8. 회화 연습(Давайте поговорим!)
9. 복습(Повторение-мать учения)
10. 심화 텍스트(Внеклассное чтение)

본 교재는 다양한 문화 텍스트를 통해 러시아 문화에 대한 폭넓은 이해를 돕고 있으며, 대화 텍스트와 회화 연습을 통해 실제적 회화가 가능하도록 구성되었다. 또한 본 교재에 포함되어 있는 청취CD는 학습자의 청취력을 향상시킬 수 있으며, 본 교재의 별책으로 제작된 〈러시아어 인텐시브 회화 2단계 워크북(Workbook)〉은 다양한 연습 문제들을 통해 주교재에서 학습한 내용을 복습, 확인, 심화시킬수 있다.

마지막으로, 본교재는 즐라또우스프 출판사의 <ЖИЛИ-БЫЛИ... 12 уроков русского языка Базовый уровень>을 원본으로 하고 있으며, 도서출판 뿌쉬낀하우스와 계약에 의해 한국에서 독점 출판되었음을 밝힌다. 이 같은 좋은 회화 교재를 통해 러시아어 학습자들의 회화 실력이 향상되기를 바란다.

뿌쉬낀하우스 출판부

1

РАССКАЖИ МНЕ О СЕБЕ

Дорогие друзья!

Если вы начинали изучать русский язык по учебнику «Жили-были», вы, наверное, помните наших героев. Это Иван Петрович Сидоров, который преподаёт русский язык в университете, и его ученики. Испанец Рамон, финка Сирпа, немец Клаус, полька Ирена, алжирец Хуссейн и американец Том. Сейчас они живут в разных странах, но не забывают своего преподавателя. Они пишут ему письма, звонят по телефону, поздравляют с праздниками, встречаются с ним, когда приезжают в Петербург. Что же они сейчас делают, как живут? Сейчас мы это узнаем, а кроме того, повторим некоторые конструкции и познакомимся с новыми.

러시아어 회화 2 | **Урок 1 (один)**

Си́рпа **познако́милась с ним** в Росси́и (познако́миться *с кем? где?*).
Как вас зову́т (как кого́ зову́т)?
Я роди́лся **в Но́вгороде в 1975-ом (в ты́сяча девятьсо́т се́мьдесят пя́том) году́** (*где? когда?*).
Я живу́ **в Петербу́рге и учу́сь в университе́те** (*где?*).
Кто он **по профе́ссии**?
Он рабо́тает **программи́стом** (*кем?*).
Она́ занима́ется **аэро́бикой** (*чем?*).
Мои́ роди́тели **на пе́нсии**.
Он **жени́лся** 2 го́да наза́д. ⇔ Она́ неда́вно **вы́шла за́муж**.
У них **тро́е** дете́й. ⇔ У них **есть** де́ти.
У него́ **ма́ленький** ребёнок. ⇔ У него́ **есть** ребёнок.

Слу́шайте. Чита́йте.

Си́рпа сейча́с **живёт во Фра́нции, в Марсе́ле**. Она́ **вы́шла за́муж** за **своего́ францу́зского дру́га Мише́ля**. Он **рабо́тает программи́стом**, а Си́рпа не рабо́тает, потому́ что неда́вно у них **родила́сь дочь**.

Худо́жник Рамо́н **живёт в Барсело́не**. У него́ больша́я мастерска́я. Рамо́н мно́го рабо́тает, организу́ет вы́ставки, продолжа́ет изуча́ть ру́сский язы́к. Его́ но́вая ру́сская подру́га, коне́чно, помога́ет ему́.

Вы по́мните журнали́ста Кла́уса? Он ча́сто е́здит в командиро́вки и пи́шет интере́сные статьи́ о поли́тике и эконо́мике. **В про́шлом году́** он купи́л дом в при́городе Берли́на.

А вот и Том. Он **зака́нчивает университе́т** в При́нстоне и ско́ро **ста́нет юри́стом**. Пока́ он живёт в общежи́тии и **подраба́тывает** в юриди́ческой фи́рме. К сожале́нию, у него́ совсе́м нет вре́мени **занима́ться ру́сским языко́м**.

На́ша Ире́на **ста́ла настоя́щей делово́й же́нщиной**. Два го́да наза́д она́ откры́ла туристи́ческую фи́рму в Швейца́рии и рабо́тает день и ночь. **Дру́га** Ире́ны **зову́т** Фе́ликс, ему́ 32 го́да. Фе́ликс **по профе́ссии тре́нер**. Ире́на **познако́милась с ним** в А́встрии.

Хуссе́йн жени́лся. У него́ хоро́шая дру́жная семья́: молода́я симпати́чная жена́, **кото́рую зову́т** Мириа́м, и **дво́е дете́й**. С ни́ми живёт его́ ма́ма. Она́ уже́ **на пе́нсии**. Хуссе́йн — уважа́емый в своём го́роде врач. **У него́ больша́я ча́стная пра́ктика.**

Урок 1 (один)

Ответьте на вопросы:

1. Где сейчас живут наши герои?
2. У кого есть семья?
3. Кто и где работает?

Кто? Что?	*Где? О ком? О чём?*
инженер	об инженер*е*
университет	в университет*е*, об университет*е*
санатор**ий**	в санатори*и*, о санатори*и*
мо́р**е**	на мо́р*е*, о мо́р*е*
зда́**ние**	в зда́ни*и*, о зда́ни*и*
Мари́н**а**	о Мари́н*е*
аудито́р**ия**	в аудито́ри*и*, об аудито́ри*и*
тетра́**дь**	в тетра́д*и*, о тетра́д*и*

Это вы помните!
Я — **обо** мне,
ты — **о** тебе и т.д.

Где?

здесь — там

Это вы помните!
В лес**у́**, в сад**у́**, в шкаф**у́**, на мост**у́**, в/на угл**у́**, в аэропорт**у́**,
Но!
О ле́с**е**, о са́д**е**, о шка́ф**е**, о мост**е́**, об угл**е́**, об аэропо́рт**е**

Упражнение 1. Раскройте скобки.

1. Моя́ ба́бушка живёт (дере́вня). 2. Его́ оте́ц рабо́тает (заво́д). 3. На́ши роди́тели отдыха́ют (юг). 4. Бальза́к жил (Фра́нция). 5. Пу́шкин роди́лся (Москва́). 6. Мой брат у́чится (университе́т). 7. Я ча́сто ду́маю (мать). 8. Эрмита́ж нахо́дится (Петербу́рг). 9. Де́ти смотре́ли фильм (Га́рри По́ттер). 10. Он купи́л слова́рь (Дом кни́ги). 11. В (сад) о́чень краси́вые цветы́.

Какой? Какое? Какая?	*В/на/о каком, какой?*
ста́р**ый** парк	в/о ста́р**ом** па́рке
хоро́ш**ий** (мой, ваш) уче́бник	в/о хоро́ш**ем** (мо**ём**, ва́ш**ем**) уче́бнике
Балти́йск**ое** мо́ре	на/о Балти́йск**ом** мо́ре
Дворцо́в**ая** пло́щадь	на/о Дворцо́в**ой** пло́щади
сего́дняшн**яя** (моя́, ва́ша) газе́та	в/о сего́дняшн**ей** (мо**е́й**, ва́ш**ей**) газе́те

Упражнение 2. Ответьте на вопросы, используя слова, данные справа.

1. Где живёт ва́ша сестра́?	ма́ленький краси́вый го́род ста́рый дом но́вая кварти́ра Моско́вский проспе́кт Садо́вая у́лица
2. Где вы рабо́таете?	Петербу́ргский университе́т музыка́льная шко́ла городска́я больни́ца юриди́ческая фи́рма де́тский сад
3. Где у́чится ваш друг?	истори́ческий факульте́т тре́тий курс бале́тная шко́ла Моско́вская консервато́рия театра́льная сту́дия
4. Где вы обы́чно отдыха́ете?	большо́й ста́рый парк лесно́е о́зеро на́ша да́ча Ю́жная А́фрика Чёрное мо́ре

5. Где вы бы́ли вчера́?

о́перный теа́тр
но́вая вы́ставка
симфони́ческий конце́рт
футбо́льный матч
студе́нческое кафе́

Упражне́ние 3. Раскро́йте ско́бки.

1. Я пишу́ в (э́та но́вая краси́вая тетра́дь). 2. Ната́ша писа́ла дикта́нт. В (её дикта́нт) мно́го оши́бок. 3. Они́ рабо́тают в (ваш но́вый институ́т). 4. Го́сти сиде́ли в (моя́ ма́ленькая ко́мната). 5. Андре́й отдыха́л на (на́ша да́ча). 6. Мой оте́ц — дире́ктор фи́рмы. Я был в (его́ фи́рма). 7. Мой брат у́чится в шко́ле. В (их шко́ла) больша́я библиоте́ка. 8. Светла́на учи́лась в (наш класс).

Кто? Что?	Кем? Чем? С кем? С чем?
инжене́р	(с) инжене́р*ом*
преподава́тель	(с) преподава́тел*ем*
са́хар	(с) са́хар*ом*
письмо́	(с) письм*о́м*
упражне́ние	(с) упражне́ни*ем*
Ире́на	(с) Ире́н*ой*
Росси́я	(с) Росси́*ей*
журнали́сты	(с) журнали́ст*ами*
друзья́	(с) друзь*я́ми*

> **Это вы по́мните!**
> Я — со мной,
> ты — с тобо́й и т.д.

Упражне́ние 4. Раскро́йте ско́бки.

1. Мой оте́ц рабо́тал (инжене́р), а тепе́рь он стал (пенсионе́р). 2. Мой брат был (студе́нт), а тепе́рь он стал (экономи́ст). 3. Ра́ньше он рабо́тал (учи́тель), а тепе́рь стал (дире́ктор шко́лы). 4. Моя́ подру́га была́ (актри́са), а тепе́рь рабо́тает (преподава́тельница). 5. Его́ сестра́ была́ (студе́нтка Акаде́мии бале́та), а тепе́рь ста́ла (соли́стка Марии́нского теа́тра).

Какой? Какое? Какая? Какие?	(С) каким? (С) какой? (С) какими?
иностра́нн**ый** студе́нт	(с) иностра́нн**ым** студе́нтом
ма́леньк**ий** (мой, ваш) ребёнок	(с) ма́леньк**им** (мо**и́м**, ва́ш**им**) ребёнком
кра́сн**ое** вино́	(с) кра́сн**ым** вино́м
изве́стн**ая** актри́са	(с) изве́стн**ой** актри́сой
сре́дн**яя** (моя́, ва́ша) сестра́	(с) сре́дн**ей** (мо**е́й**, ва́ш**ей**) сестро́й
но́в**ые** ру́сск**ие** (мои́, ва́ши) друзья́	(с) но́в**ыми** ру́сск**ими** (мо**и́ми**, ва́ш**ими**) друзья́ми

Упражнение 5. Ответьте на вопросы, используя слова, данные справа.

1. В Петербу́рге я познако́мился с

молодо́й учёный,
краси́вая де́вушка,
тала́нтливые худо́жники,
изве́стный арти́ст,
интере́сные лю́ди.

2. Вчера́ я был в теа́тре с

ста́ршая сестра́,
знако́мая де́вушка,
америка́нский студе́нт,
ста́рый друг,
ру́сские преподава́тели.

3. Мы разгова́ривали с

росси́йский поли́тик,
де́тский писа́тель,
популя́рная актри́са,
литерату́рный кри́тик,
иностра́нные тури́сты.

Упражнение 6. Раскройте скобки.

1. Я учи́лся с (твоя́ ста́ршая сестра́).
2. Он познако́мился с (ва́ши роди́тели).
3. Она́ ходи́ла в кино́ со (свой мла́дший брат).
4. Мы встреча́лись с (на́ши шко́льные учителя́).
5. Ба́бушка разгова́ривала со (свои́ ста́рые подру́ги).
6. Са́ша отдыха́л с (моя́ двою́родная сестра́).
7. Гали́на занима́лась с (ва́ши тала́нтливые студе́нты).
8. У Ве́ры есть брат. Я рабо́таю с (её брат).

러시아어 회화 2 | **Урок 1 (один)**

Готовимся к разговору

Как зовут вашу маму?

Задание 1. Переспросите, как их зовут, и дайте ответ.

Модель: У Сергея есть сестра Катя. — Как зовут его сестру?
— Его сестру зовут Катя.

1. Это наш преподаватель Иван Петрович.
2. Дети моей сестры Ольги Дима и Маша учатся в школе.
3. У Нины есть кошка Мурка.
4. Родители Лены Анна Ивановна и Пётр Николаевич живут в Москве.
5. Это моя новая соседка Лариса.

Задание 2. Скажите, как зовут вас и ваших родителей.

— В каком году вы родились?
— Я родился в тысяча девятьсот семьдесят втором году.

> **Это вы помните!**
> 1 год
> 2, 3, 4 года
> 5, ... лет

Задание 3. Выполните задание по модели:

Модель: Иван Петрович родился в 1951 году.
— Сколько ему сейчас лет? — Ему 53 года.
Елене Юрьевне 38 лет.
— В каком году она родилась? — Она родилась в 1962 году.

Светлана Андреевна родилась в 1969 году. — ....
Юре 4 года. — ....
Маше 16 лет. — ....
Николай Иванович родился в 1933 году. — ....
Виктору 31 год. — ....
Наташе 45 лет. — ....
Александр Васильевич родился в 1952 году. — ....

Задание 4. Скажите, в каком году вы родились и сколько вам лет. А сколько лет вашим родителям?

Он жени́лся на ней. — Она́ вы́шла за него́ за́муж.

Задание 5. Выполните задание по модели.

Моде́ль: Ле́на + Са́ша
Ле́на познако́милась с Са́шей и вы́шла за него́ за́муж.
Са́ша познако́мился с Ле́ной и жени́лся на ней.

1. Стас + А́ня. 2. О́ля + Ди́ма. 3. Во́ва + Ле́на. 4. Лю́да + Ви́ктор. 5. Ю́ра + Ка́тя. 6. Фёдор + Ната́ша. 7. Тама́ра + Алёша.

**У нас оди́н ребёнок.
У нас дво́е (тро́е, че́тверо, пя́теро, ше́стеро) дете́й.**

Задание 6. Посмотрите на рисунки и скажите, сколько у них детей.

Задание 7. Объясните, как вы понимаете следующие выражения: *старый друг лучше новых двух; шапочное знакомство; не имей сто рублей, а имей сто друзей.* Придумайте ситуации, в которых их можно употребить.

У него есть машина. — У него новая машина.
У неё есть брат. — У неё два брата.

Задание 8. Ответьте на вопросы:

1. У вас есть семья? У вас большая семья?
2. У вас есть братья? Сколько у вас братьев?
3. У вас есть компьютер? У вас новый компьютер?
4. У вас есть сёстры? Сколько у вас сестёр?
5. В вашем городе есть музеи? Сколько музеев в вашем городе?
6. У ваших родителей есть дом? У них большой дом?
7. В вашем университете есть медицинский факультет? Сколько факультетов в вашем университете?

Задание 9. Прочитайте диалоги про себя, обратите внимание на выделенные слова и словосочетания, типичные для русской разговорной речи. Послушайте их в записи. Прочитайте диалоги вслух. Расскажите об участниках диалогов.

Диалог 1

Рамон: Клаус, привет. **Ну**, как ты отдохнул? Рад снова видеть тебя в Петербурге! Как дела дома? Как родители?

Клаус: Спасибо, я отдохнул прекрасно. Родители здоровы. Отец уже на пенсии, а мама ещё работает.

Р.: А как твой брат? Помнишь, как мы неожиданно встретились с ним в Петербурге?

К.: Ты знаешь, он женился, и у него родился сын.

Р.: **Что ты говоришь!** А сколько ему лет? Он же ещё очень молодой!

К.: Вот и моя мама так думает. Ему 25 лет, а его жене Кароле 22 года. Они оба ещё учатся.

Р.: Да, это непросто. С ребёнком всегда много проблем.

К.: **Ну, ничего.** Сейчас они живут с родителями Каролы. Георг подрабатывает. Моя мама тоже им помогает.

Р.: **Ну что же**, поздравляю. Ты стал дядей. Передай им, пожалуйста, большой привет.

Диалог 2

— **Кого́ я ви́жу!** Серге́й, э́то ты?
— Прости́те, но мне ка́жется, мы не знако́мы.
— Как! Ты меня́ не узнаёшь? Я **же** И́горь Петро́в!
— И́горь?! Петро́в?! **Го́споди, ско́лько лет, ско́лько зим!**
— Мы лет 20 не ви́делись?

— Да, тру́дно узна́ть челове́ка, е́сли не ви́дел его́ 20 лет.
— А я тебя́ сра́зу узна́л. Ты почти́ не измени́лся.
— **Ну, да!** Измени́лся, и о́чень.
— А мне ка́жется, нет. Всё тако́й же стро́йный краси́вый брюне́т.
— К сожале́нию, уже́ не брюне́т. Седо́й совсе́м.
— **Ну и что!** Седина́ тебе́ о́чень идёт.
— Как живёшь? Рабо́таешь? Семья́ есть?
— Рабо́таю, и семья́ есть. Де́ти уже́ взро́слые. А ты?
— У меня́ то́же всё норма́льно. Приходи́ в го́сти. Познако́млю тебя́ с жено́й, до́чкой.
— С удово́льствием.
— Запиши́ а́дрес: Больша́я Морска́я, дом 2, кварти́ра 39. Приходи́ в воскресе́нье, в 5 часо́в.
— Обяза́тельно приду́.
— **Вот** до́ма и поговори́м обо всём. Ждём тебя́ в воскресе́нье. Пока́.
— До свида́ния.

Задание 10. Как эти люди ответили бы на вопросы журналиста? Если не знаете сами, поищите ответ в Интернете. Какие ещё вопросы вы задали бы этим людям?

Где и когда вы родились?
Кто были ваши родители?
Кто вы по профессии?
Кем вы хотели стать, когда были маленьким (-ой)?
У вас есть семья? Она дружная?
Как вы познакомились с вашей женой (вашим мужем)?
Почему вы (не) вышли замуж?
Сколько вам было лет, когда вы женились?
Ваш муж (ваша жена) помогает вам в работе?
Вам нравятся деловые женщины или красивые?
Какие мужчины вам нравятся: сильные или умные?
У вас есть дети? Они уже взрослые?
Какой вид спорта вы любите?
Как вы отдыхаете?
Что вы больше всего не любите?
Вы были счастливы? Как стать счастливым?

Лев Толстой,
писатель

Мать Тереза

Принцесса Диана

Юрий Гагарин,
первый в мире
космонавт

Валерий Гергиев,
дирижёр

러시아어 회화 2 | **Урок 1 (один)**

Владимир Путин,
президент

Вупи Голдберг,
киноактриса

Михаил Калашников,
конструктор

Марат Сафин,
спортсмен-теннисист

Анна Курникова,
теннисистка

Джеки Чан,
киноартист

Ульяна Лопаткина,
балерина

Ванесса Мей,
скрипачка

Наталья Водянова,
топ-модель

Давайте поговорим!

1. Как вы поняли из текста, Сирпа не работает, потому что у неё маленький ребёнок. Как вы думаете, это правильно? Может быть, лучше, если женщина работает,
   — а ребёнок ходит в детский сад;
   — а с ребёнком сидит бабушка или няня.
2. Рамон ещё не женился, но у него есть подруга. Как вам кажется, почему молодые люди сейчас живут некоторое время вместе и женятся не сразу?
3. Должны ли родители помогать молодым людям встать на ноги?
4. У Хуссейна дружная семья. Как вы думаете, это хорошо, когда родители и взрослые дети живут вместе?
5. Ирена стала деловой женщиной. Как вы понимаете, что такое деловая женщина?
6. Клаус купил дом. Трудно ли купить дом в вашей стране?
7. Том учится и подрабатывает. Почему студенты обычно работают?

Повторение — мать учения

Слова и словосочетания, которые помогут вам рассказать о себе, о своих родственниках и знакомых

ЗНАКÓМИТЬСЯ — ПОЗНАКÓМИТЬСЯ (*с кем?*)
ЗНАКÓМИТЬ — ПОЗНАКÓМИТЬ (*кого? с кем?*)
РОДИ́ТЬСЯ (*в каком году? где?*)
РОДИ́ТЕЛИ
(*кому?*) СКÓЛЬКО ЛЕТ?
СТÁРШИЙ, МЛÁДШИЙ, ДВОЮ́РОДНЫЙ (брат)
ВЗРÓСЛЫЙ
ЖИТЬ, УЧИ́ТЬСЯ (*где?*)
РАБÓТАТЬ, СТАТЬ (*кем?*)
ПОДРАБÁТЫВАТЬ — ПОДРАБÓТАТЬ (*где? кем?*)
ЗАКÁНЧИВАТЬ — ЗАКÓНЧИТЬ (*что?*)
ЗАНИМÁТЬСЯ (*чем?*)
КТО ВЫ ПО ПРОФÉССИИ?
БЫТЬ НА ПÉНСИИ
ЖЕНИ́ТЬСЯ (*на ком?*), ВЫХОДИ́ТЬ — ВЫ́ЙТИ ЗÁМУЖ (*за кого?*)
ОН ЖЕНÁТ, ОНÁ ЗÁМУЖЕМ. ОНИ́ ЖЕНÁТЫ
(*у кого?*) ДВÓЕ, ТРÓЕ, ЧÉТВЕРО ДЕТÉЙ.
ДЕЛОВÓЙ ЧЕЛОВÉК, ДЕЛОВÁЯ ЖÉНЩИНА.
ЧÁСТНАЯ ПРÁКТИКА, ФИ́РМА

러시아어 [안녕하세요] 회화 2 | **Урок 1 (один)**

Используя слова, словосочетания и грамматический материал темы, выполните следующие задания.

Задание 1. **Как вы думаете, на какие вопросы отвечал человек, который заполнил анкету?**

1. .... Игорь Смирнов.
2. .... 05.02.1972 г., Новгород.
3. .... в 1995 г. Санкт-Петербургский государственный университет.
4. .... женат. Моя жена, Смирнова Нина Ивановна, 1975 г.р.
5. .... имею двоих детей.
6. .... шофёр.
7. .... таксопарк № 4.

Задание 2. **Напишите рассказ об Игоре Смирнове, используя материал анкеты и свою фантазию.**

Задание 3. **Если бы вы были журналистом, у кого из известных людей вы хотели бы взять интервью? Какие вопросы вы подготовили бы для этого интервью?**

Задание 4. **Напишите свою биографию.**

....
....
....
....
....
....
....
....
....
....
....
....
....

Внеклассное чтение

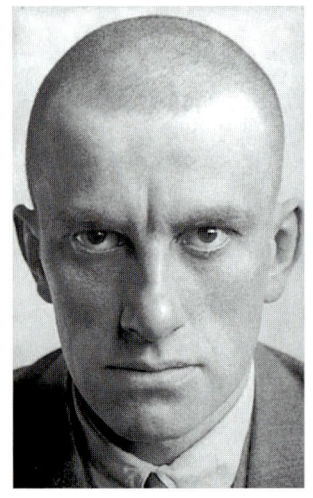

Владимир Владимирович Маяковский (1893–1930) — известный русский советский поэт, с восторгом встретивший социалистическую революцию 1917 года. Весь свой поэтический талант отдал пропаганде новой советской действительности.

Я САМ

Я — поэт. Этим и интересен. Об этом и пишу.

Главное.

Родился 7 июля 1893 года. Родина – село Багдады около Кутаиси, Грузия.

Состав семьи.

Отец: Владимир Константинович, багдадский лесничий. Умер в 1906 году. Мама: Александра Алексеевна. Сёстры Люда и Оля. Была ещё тётя Анюта.

Возникновение романтизма.

Хорошо помню наш первый дом. В нём два этажа. Верхний — наш. На нижнем — винный завод. Раз в год привозили много винограда, делали вино. Я ел виноград. Всё это было на территории старинной грузинской крепости. За крепостью — леса. За лесами — горы. Когда я немного вырос, я бегал на самую высокую. На севере была Россия. Туда хотелось сильно.

Учение.

Учила меня мама и сёстры. Арифметика была для меня странной наукой, потому что надо было считать яблоки и груши и делить их между мальчиками. Такие были арифметические задачи. А у нас на Кавказе фруктов было так много, что их никогда не считали. С удовольствием начал читать.

Первая книга.

Какая-то «Птичница Агафья». Если бы мне в то время дали несколько таких книг — перестал бы читать совсем. К счастью, вторая — «Дон Кихот». Вот настоящая книга!

Социализм.

Речи, газеты. Много незнакомых слов. Пробую объяснить их себе. Много книг. Покупаю все. Встаю в шесть утра и читаю. Удивила способность социалистов объяснять факты, объяснять, что происходит в мире.

1906 год.

Умер отец. После его похорон у нас осталось три рубля. Мы продали всю мебель и переехали в Москву.

Партия.

1908 год. Вступил в партию РСДРП. Агитировал за революцию.

Чтение.

Художественную литературу не читал. Только книги по философии и естествознанию. Но больше всего – марксизм.

Первое стихотворение.

В гимназии издавали маленький журнал. Я обиделся. Другие могут, а я не могу? Начал писать. Получилось очень революционно и очень плохо. Написал второе. Получилось очень лирично. Не понравилось. Перестал писать совсем.

Выбор.

Я хочу писать. У меня уже есть опыт в жизни. Мне нужен опыт в искусстве. Я неуч. Мне нужно учиться. Я пришёл к товарищу и сказал, что хочу делать социалистическое искусство. Он долго смеялся. Я думаю, что он меня недооценил.

Одиннадцать месяцев в тюрьме.

Важное для меня время. После трёх лет теории и практики революции начал читать художественную литературу. Прочитал всё самое новое. Потом начал читать классиков: Байрон, Шекспир, Толстой. Последняя книга – «Анна Каренина». Не дочитал. Выпустили из тюрьмы.

Начало мастерства.

Думал, что стихи писать не смогу. Начал изучать живопись. Работал хорошо. Однажды написал стихотворение, показал его другу. Сказал, что это написал один мой знакомый. Друг посмотрел на меня и сказал: «Да это вы сами написали! Вы гениальный поэт!» Я был так рад, что весь ушёл в стихи.

Октябрь.

Принимать революцию или не принимать? Такого вопроса у меня не было. Моя революция. Пошёл в Смольный. Работал. Делал всё, что нужно было.

1926 год.

Работаю газетчиком, журналистом. Пишу статьи, фельетоны. Многие поэты смеются, а мне смешно смотреть на их лирические стихи, которые никому кроме жены неинтересны.

1928 год.

Многие говорят: «Ваша автобиография не очень серьёзна». Правильно. Ведь я ещё не стал академиком.

НИЧЕГО НЕ ПОНИМАЮТ

Вошёл к парикмахеру, сказал — спокойный:
"Будьте добры, причешите мне уши".
Гладкий парикмахер сразу стал хвойный,
лицо вытянулось, как у груши.
"Сумасшедший!
Рыжий!" —
запрыгали слова.
Ругань металась от писка до писка,
и до-о-о-о-лго
хихикала чья-то голова,
выдёргиваясь из толпы, как старая редиска.

1913

СТИХИ О СОВЕТСКОМ ПАСПОРТЕ

...По длинному фронту
купе
и кают
чиновник
учтивый
движется.
Сдают паспорта,
и я
сдаю
мою
пурпурную книжицу.
К одним паспортам —
улыбка у рта.
К другим —
отношение плёвое.
С почтеньем
берут, например,
паспорта
с двухспальным
английским левою.
Глазами
доброго дядю выев,
не переставая
кланяться,
берут,
как будто берут чаевые,
паспорт
американца.
На польский —
глядят,
как в афишу коза.
На польский —
выпяливают глаза
в тугой
полицейской слоновости —
откуда, мол,
и что это за
географические новости?
... Я
достаю
из широких штанин
дубликатом
бесценного груза.
Читайте,
завидуйте,
я —
гражданин
Советского Союза.

НЕОКОНЧЕННОЕ

Любит? не любит? Я руки ломаю
и пальцы
        разбрасываю разломавши
так рвут загадав и пускают
                    по маю
венчики встречных ромашек
пускай седины обнаруживает стрижка и бритьё
Пусть серебро годов вызванивает
                      уймою
надеюсь верую вовеки не придёт
ко мне позорное благоразумие.

2

СЕМЬЯ

Задание 1.

Расскажите о своей семье. У вас есть муж/жена, дети? Кто ваши родители, чем они занимаются? Есть ли у вас братья и сёстры, бабушки и дедушки? Сколько им лет? Как вы думаете, о ком можно сказать: «Они живут душа в душу»?

> Он **женился на Ольге** (*на ком?*).
>
> Она́ **вы́шла за́муж за Макси́ма** (*за кого?*).
>
> Они́ **развели́сь**.
>
> Макси́м **ста́рше Ольги на** 3 го́да (*кого? на сколько лет?*).
>
> **У них родила́сь** де́вочка (*у кого?*).
>
> Они́ **назва́ли до́чку** Ма́ша (*кого? как?*).
>
> Она́ **похо́жа на отца́** (*на кого?*).

Прочита́йте текст. Обрати́те внима́ние на вы́деленные констру́кции.

Ива́н Петро́вич получи́л письмо́

Здра́вствуйте, Ива́н Петро́вич!

Извини́те, что давно́ Вам не писа́ла: у меня́ так мно́го новосте́й, а вре́мени так ма́ло. Напишу́ о са́мом гла́вном. Год наза́д я **вы́шла за́муж**. И как Вы ду́маете, **за кого́**? **За моего́ францу́зского дру́га Мише́ля**. По́мните его́? Вы сейча́с его́ не узна́ете. Он тако́й серьёзный, рабо́тает днём и но́чью, но не забыва́ет, что до́ма его́ ждёт жена́ и ма́ленькая до́чка. И э́то са́мая прия́тная но́вость: у нас **родила́сь де́вочка**. Зна́ете, когда́? 25-ого декабря́! Хоро́ший пода́рок на Рождество́! Тепе́рь нас тро́е. Мы **назва́ли её** Мари́, потому́ что так зову́т мою́ свекро́вь. Мари́ **похо́жа на меня́**.

Роди́тели Мише́ля живу́т недалеко́ от нас. Его́ па́па уже́ на пе́нсии, а ма́ма ещё рабо́тает, потому́ что ей то́лько 55 лет. Она́ **на 10 лет моло́же моего́ свёкра**. Они́, коне́чно, помога́ют нам.

Я, как вы понима́ете, сейча́с не рабо́таю. До́чке ну́жно так мно́го внима́ния! Вы, наве́рное, ду́маете, что я совсе́м забы́ла ру́сский язы́к. Но э́то не так. У Мише́ля есть двою́родный брат. Его́ зову́т Жан. Неда́вно он на́чал изуча́ть ру́сский язы́к в университе́те. В свобо́дное вре́мя я помога́ю ему́ переводи́ть те́ксты, де́лать упражне́ния, объясня́ю грамма́тику. То́лько сейча́с я поняла́, кака́я тру́дная у вас рабо́та.

Как жаль, что свобо́дного вре́мени так ма́ло! Но я наде́юсь, что че́рез 2 го́да, когда́ моя́ дочь пойдёт в де́тский сад, я сно́ва бу́ду рабо́тать экскурсово́дом, изуча́ть языки́ и занима́ться спо́ртом.

А как Ва́ши дела́? Что но́вого? Пи́шут ли Вам Кла́ус, Том, Ире́на, Рамо́н и Хуссе́йн? Два ме́сяца наза́д мне звони́л Кла́ус и сказа́л, что он купи́л дом в при́городе Берли́на. А полго́да наза́д Ире́на была́ в Марсе́ле с гру́ппой тури́стов. Она́ приходи́ла ко мне в го́сти, мы смотре́ли фотогра́фии, вспомина́ли Петербу́рг и на́шу весёлую гру́ппу. Како́е прекра́сное бы́ло вре́мя!

Бу́ду ра́да получи́ть от Вас письмо́.

До свида́ния. Си́рпа.

Ответьте на вопросы:

1. За кого вышла замуж Сирпа? 2. Кто у неё родился? 3. Как она назвала дочку? 4. Почему Сирпа и Мишель назвали дочку Мари? 5. Когда она родилась? 6. На кого она похожа? 7. Где живут родители Мишеля? 8. Чем они занимаются? 9. Сколько им лет? 10. Чем занимается Сирпа в свободное время? 11. Какие у неё планы?

Что?	*Что?*
портрет	портрет
здание	здание
школа, аудитория, площадь	школу, аудиторию, площадь
столы	столы
окна	окна
книги	книги

Кто?	*Кого?*
Александр, преподаватель	Александра, преподавателя
Анна, Юлия, мать	Анну, Юлию, мать
студенты, врачи	студентов, врачей
подруги	подруг

Упражнение 1. Раскройте скобки.

1. Мой брат похож (мама). 2. Лена вышла замуж (Александр). 3. Мои друзья назвали (дочь) Галина. 4. Недавно я прочитал (статья) по-английски. 5. (Его жена) зовут Аня. 6. Студенты изучают (биология). 7. Летом мы ездили (Москва). 8. Его младшая дочь похожа (дедушка).

Какой? Какое? Какая? Какие?	*Какой? Какое? Какую? Какие?*
Московский вокзал	Московский вокзал
Чёрное море	Чёрное море
Пушкинская улица, синяя птица	Пушкинскую улицу, синюю птицу
красивые дома	красивые дома

Какой? Какая? Какие?	Какого? Какую? Каких?
интере́сный челове́к, ста́рший (мой, наш) брат	интере́сного челове́ка, ста́ршего (моего́, на́шего) бра́та
ру́сская балери́на, трёхле́тняя (моя́, на́ша) дочь	ру́сскую балери́ну, трёхле́тнюю (мою́, на́шу) дочь
но́вые друзья́, подру́ги америка́нские (мои́, на́ши) знако́мые	но́вых друзе́й, подру́г, америка́нских (мои́х, на́ших) знако́мых

Это вы помните!
Я — меня́
Ты — тебя́ и т.д.

Упражне́ние 2. Отве́тьте на вопро́сы, испо́льзуя слова́, да́нные спра́ва.

1. Како́й текст вы чита́ли на уро́ке?   Тру́дный, но интере́сный.
2. На кого́ похо́ж ваш сын?   Мой ста́рший брат.
3. За кого́ вы́шла за́муж твоя́ сестра́?   Наш ста́рый друг.
4. Каки́х студе́нтов вы ви́дели на вы́ставке?   Иностра́нные.
5. Каку́ю му́зыку вы лю́бите?   Класси́ческая.
6. Како́го арти́ста вы встре́тили на у́лице?   Изве́стный, популя́рный.
7. Како́е зда́ние постро́или на ва́шей у́лице?   Высо́кое, совреме́нное.
8. Каки́х друзе́й вы пригласи́ли в го́сти?   Мои́ ста́рые.
9. Каки́е фи́льмы вы лю́бите?   Музыка́льные.
10. Куда́ вы пое́дете отдыха́ть в э́том году́?   Сре́дняя А́зия.

Упражне́ние 3. Восстанови́те вопро́сы к да́нным отве́там. Где возмо́жно, употреби́те сло́во *како́й*.

1. .... ?
   — Моя́ сестра́ назвала́ сы́на Билл.
2. .... ?
   — Мою́ тётю зову́т Ната́лья Па́вловна.
3. .... ?
   — Я похо́ж на отца́.

4. .... ?
   — Я смотре́ла но́вый францу́зский фильм.
5. .... ?
   — Она́ вы́шла за́муж за италья́нца.
6. .... ?
   — Вчера́ ве́чером я ходи́л на дискоте́ку.
7. .... ?
   — В суббо́ту мы слу́шали о́перу «Евге́ний Оне́гин».
8. .... ?
   — Мы пригласи́ли на ве́чер неме́цких журнали́стов.
9. .... ?
   — Мы жда́ли в аудито́рии на́шего но́вого преподава́теля.

Кто? Что?	*Кому? Чему?*
друг, писа́тель	дру́гу, писа́телю
теа́тр, музе́й	теа́тру, музе́ю
у́тро, пла́тье	у́тру, пла́тью
актри́са, Та́ня, Мари́я	актри́се, Та́не, Мари́и
ла́мпа, Герма́ния, о́сень	ла́мпе, Герма́нии, о́сени
кни́ги, аудито́рии	кни́гам, аудито́риям

Какой? Какое? Какая? Какие?	*Какому? Какой? Каким?*
родно́й брат	родно́му бра́ту
ли́шний (мой, ваш) биле́т	ли́шнему (моему́, ва́шему) биле́ту
но́вое пла́тье	но́вому пла́тью
молода́я же́нщина	молодо́й же́нщине
дома́шняя (моя́, ва́ша) рабо́та	дома́шней (мое́й, ва́шей) рабо́те
но́вые журна́лы	но́вым журна́лам
после́дние (мои́, ва́ши) но́вости	после́дним (мои́м, ва́шим) новостя́м

> **Это вы помните!**
> Я — мне,
> ты — тебе́ и т.д.

Упражнение 4. Ответьте на вопросы, используя слова, данные справа.

1. Кому́ вы ча́сто пи́шете пи́сьма?	Мои́ роди́тели и шко́льные друзья́.
2. Кому́ вы звони́ли в воскресе́нье?	Ста́рший брат и мла́дшая сестра́.
3. Како́й учи́тельнице вы подари́ли фотогра́фию?	Моя́ пе́рвая учи́тельница.
4. Како́му преподава́телю вы сдава́ли экза́мен?	Стро́гий преподава́тель.
5. Кому́ вы купи́ли цветы́?	Изве́стная певи́ца.
6. Каки́м студе́нтам вы помога́ете изуча́ть ру́сский язы́к?	Иностра́нные студе́нты.
7. Кому́ нра́вится путеше́ствовать?	Мой двою́родный брат.
8. Кому́ вы посове́товали купи́ть уче́бник «Жи́ли-бы́ли...»?	Францу́зские студе́нты.
9. Кому́ ну́жно спать днём?	Наш мла́дший сын.

Упражнение 5. Скажите, сколько лет этим людям.

1. Мой оте́ц — 51. 2. Моя́ мать — 49. 3. На́ша ба́бушка — 72. 4. Ста́рший брат — 25. 5. Мла́дшая сестра́ — 20. 6. Э́тот молодо́й учёный — 34. 7. Ваш но́вый преподава́тель — 43. 8. Их двою́родная сестра́ — 14. 9. Э́та краси́вая молода́я де́вушка — 21. 10. Наш сосе́д — 88.

Готовимся к разговору

Задание 1. Прочитайте (прослушайте) диалог. Передайте друг другу содержание диалога. Используйте слова *сказал, спросил, ответил*.

Модель: *Игорь:* Ты зна́ешь, Ната́ша вы́шла за́муж.
Сергей: За кого́?
Игорь: За моего́ лу́чшего дру́га.
И́горь сказа́л, что Ната́ша вы́шла за́муж. Серге́й спроси́л, за кого́. И́горь отве́тил, что она́ вы́шла за́муж за его́ лу́чшего дру́га.

1. *Антон:* У меня́ родила́сь дочь.
   Саша: Поздравля́ю, а как вы её назва́ли?
   Антон: Её назва́ли Ма́ша.

2. *Света:* Мой брат око́нчил университе́т и уже́ рабо́тает.
   Катя: А кем он рабо́тает?
   Света: Он рабо́тает программи́стом.

3. *Лена:* Мой оте́ц уже́ пенсионе́р.
   Юра: А ско́лько ему́ лет?
   Лена: Ему́ 63 го́да.

4. *Аня:* Ты зна́ешь, что Алёша жени́лся?
   Ни́на: На ком?
   Аня: Он жени́лся на мое́й двою́родной сестре́.

5. *Джим:* Ты не зна́ешь, в како́м году́ роди́лся Пу́шкин?
   Воло́дя: Коне́чно, зна́ю. Пу́шкин роди́лся в 1799 году́.

6. *Оля:* На кого́ похо́жа твоя́ дочь?
   Ди́ма: Она́ похо́жа на мою́ тёщу.

7. *Оле́г:* Мои́ роди́тели неда́вно развели́сь, и оте́ц уе́хал жить в Москву́.
   Лари́са: А где сейча́с живёт твоя́ ма́ма?
   Оле́г: Она́ сейча́с живёт с мое́й сестро́й.

8. *Ири́на:* Мой муж ста́рше меня́.
   Та́ня: На ско́лько лет?
   Ири́на: Он ста́рше на 6 лет.

Зада́ние 2. Восстанови́те пропу́щенные ре́плики.

1. — У Бори́са роди́лся сын.
   — ....?
   — Его́ назва́ли Ива́н.

2. — У нас но́вая студе́нтка.
   — ....?
   — Её зову́т О́ля.

3. — Мари́на Алексе́евна вы́шла за́муж.
   — ....?
   — За Никола́я Петро́вича.

4. — Мой оте́ц пенсионе́р.
   — ....?
   — Он рабо́тал врачо́м.

5. — Ка́тя ве́чером ходи́ла на трениро́вку.
   — ....?
   — Она́ занима́ется волейбо́лом.

6. — Пьер вчера́ купи́л сувени́ры.
   — ....?
   — Друзья́м и роди́телям.

Задание 3. Составьте диалоги на основе предложенных ситуаций. Используйте словосочетания, данные в скобках.

1. Ваш друг женился / ваша подруга вышла замуж. Расспросите его / её о жене / муже (познакомиться; зовут кого как; кому сколько лет; старше / младше на сколько лет; заниматься чем...)

2. У ваших друзей родился ребёнок. Расспросите о нём (родиться когда; назвать кого как; похож на кого...)

3. Вы директор фирмы. Задайте вопросы желающим получить у вас работу (родиться когда? где?; учиться где?; работать кем?; ...)

4. Вы муж и жена. Муж хочет пойти на футбол, а жена – в театр (интересный матч; спектакль; давно не были; дорогие билеты; известные артисты; смотреть футбол по телевизору; чемпионат мира...)

5. Ваша дочь хочет выйти замуж. Вы считаете, что это рано (очень молодая; учиться в университете; плохо знать друг друга; жить с родителями...)

Задание 4. Объясните, как вы понимаете следующие поговорки: *жить на широкую ногу, жить как кошка с собакой, с милым рай и в шалаше.* Придумайте ситуации, в которых их можно употребить.

Задание 5. Прочитайте диалоги про себя, обратите внимание на выделенные слова и словосочетания, типичные для русской разговорной речи. Прослушайте их в записи. Прочитайте диалоги вслух. Попробуйте продолжить разговор собеседников.

Диалог 1

— Антон, привет! Ты не знаешь, где Коля? Давно его не видел, а вчера звонил, но никого не было дома.

— Я тоже давно с ним не разговаривал, но я слышал, что у него сейчас большая проблема. Он развёлся.

— С Наташей?! **Не может быть!**

— К сожалению, это правда.

— А ребёнок? Сколько лет сейчас Верочке?

— **Года три**, я думаю.

— Какая трагедия! А сколько лет они жили вместе?

— Он женился на ней пять лет назад.

— Что **же** случилось?

— **Честно говоря**, не знаю. Антон говорит, что они не понимали друг друга, что у них разные характеры...

— Это все говорят. Здесь что-то более серьёзное. Они же так хорошо жили.

— **Ну, что же.** Жизнь есть жизнь.

Диалог 2

— Алло́, э́то Ка́тя?
— Да, э́то я.
— Катю́ша, ты меня́ не узна́ешь?
— Мари́нка, **неуже́ли** э́то ты? Когда́ ты прие́хала?
— То́лько вчера́.
— **Что ты говори́шь!** Молоде́ц, что сра́зу позвони́ла. Ско́лько же мы не ви́делись?
— Почти́ год. **Ну,** как ты? Ведь после́дний раз мы ви́делись на твое́й сва́дьбе. Расскажи́ мне о себе́.
— У нас с му́жем всё хорошо́, **живём душа́ в ду́шу**. Пробле́мы други́е. Ты же зна́ешь, что мой муж — еди́нственный ребёнок в семье́. **Ну вот,** его́ ма́мочка ду́мает, что мы ещё де́ти и не мо́жем жить без её по́мощи. **Коро́че говоря́,** она́ ка́ждый ве́чер к нам прихо́дит, де́сять раз в день звони́т и сове́тует, сове́тует, сове́тует.
— Ну, свекро́вь есть свекро́вь. А как его́ оте́ц?
— Свёкор у меня́ **золото́й**, да и други́е ро́дственники отли́чные.
— Э́то уже́ **здо́рово**. А свекро́вь, я ду́маю, ско́ро поймёт, что вы уже́ взро́слые самостоя́тельные лю́ди, и всё бу́дет норма́льно.

Задание 6. Посмотрите на картины известных художников. Опишите представленные на них ситуации.

О. Ренуар. Танец

П. Федотов. Сватовство майора

А. Матисс. Разговор

С. Филиппова. Домой

Давайте поговорим!

1. В каком возрасте лучше жениться и выходить замуж?

2. Как вы понимаете выражения *брак по любви, брак по расчёту*? Какой брак лучше: по любви или по расчёту?

3. Как вы относитесь к службе знакомств? Может ли она помочь создать счастливую семью?

4. Какие условия необходимы для семейного счастья? Сходство характеров, готовность помогать друг другу, общие интересы, деньги?

5. Сколько детей должно быть в семье? Почему в современных семьях мало детей? Может ли быть счастливой бездетная семья?

6. Какими должны быть отношения с родственниками?

Повторение — мать учения

*Слова и словосочетания,
которые помогут вам рассказать о семье*

ЖЕНИ́ТЬСЯ (*на ком?*)
ВЫХОДИ́ТЬ — ВЫ́ЙТИ ЗА́МУЖ (*за кого?*)
РАЗВОДИ́ТЬСЯ — РАЗВЕСТИ́СЬ (*с кем?*)
БЫТЬ СТА́РШЕ / МЛА́ДШЕ (*кого? на сколько лет?*)
(*у кого?*) РОДИ́ЛСЯ (*кто?*)
НАЗЫВА́ТЬ — НАЗВА́ТЬ (*кого? как?*)
(*кто?*) ПОХО́Ж (*на кого?*)
ПОЙТИ́ В ДЕ́ТСКИЙ САД, В ШКО́ЛУ
СВЁКОР, СВЕКРО́ВЬ
ТЕСТЬ, ТЁЩА
ЖЕНА́, МУЖ
БА́БУШКА, ДЕ́ДУШКА
ДОЧЬ, СЫН, БЛИЗНЕЦЫ́
ВНУК, ВНУ́ЧКА
ЗЯТЬ, НЕВЕ́СТКА

Используя слова, словосочетания и грамматический материал темы, выполните следующие задания.

Задание 1. Скажите (напишите), используя лексику урока, что значат следующие словосочетания:

многоде́тная семья́ ....
безде́тная семья́ ....
мать-одино́чка ....
сёстры-двойня́шки ....
о́тчий дом ....
да́льние ро́дственники ....
ма́менькин сыно́к ....

Задание 2. Вместо точек вставьте необходимые по смыслу слова.

Мой дéдушка и бáбушка .... в прóшлом вéке. Бáбушка .... за дéдушку, когдá ей .... 18 лет. Её родители, бýдущие .... и .... дéдушки были прóтив этого брáка. «Такáя молодáя, такáя красивая полюбила человéка, котóрый .... её .... 20 лет!» — говорила ей мать. «Он ужé был два рáза .... !» — говорил ей отéц. Да, дéдушка ужé был женáт. Со вторóй женóй он .... , потомý что встрéтил бáбушку и пóнял, что не смóжет без неё жить. Когдá родители бáбушки познакóмились с бýдущим .... , он им óчень понрáвился. Они пóняли, что это настоящая любóвь, а не брак по ....

Задание 3.

Лев Толстой начал свой роман «Анна Каренина» словами: «Все счастливые сéмьи похóжи друг на дрýга, кáждая несчастливая семья несчáстлива по-своéму». Соглáсны ли вы с этими словáми писáтеля?

а) Напишите, что, с вашей точки зрения, делает семью счастливой или несчастливой?

....
....
....
....
....
....
....
....
....

б) Напишите маленький рассказ на тему «Семья», закончив его словами Толстого.

....
....
....
....
....
....
....
....
....

Внеклассное чтение

Сергей Довлатов — один из тех писателей-эмигрантов, с прозой которых российский читатель познакомился только после перестройки. Свою задачу прозаик видел в том, чтобы «рассказать, как живут люди». На самом деле он рассказывает о том, как люди не умеют жить. С. Довлатов создал свой собственный жанр, в котором анекдот, смешной случай, нелепость превращаются в лирический текст. Когда читаешь его книги, удивляешься, насколько неожиданной может быть наша обычная повседневная жизнь.

НАШИ

— Наш мир абсурден, — говорю я своей жене, — и враги человека — домашние его.

Моя жена сердится, и я слышу:

— Твои враги — это дешёвый портвейн и крашеные блондинки!

— Значит, — говорю, — я настоящий христианин. Христос учил нас любить врагов своих...

— Эти разговоры продолжаются двадцать лет. Почти двадцать лет...

Познакомились мы в шестьдесят третьем году. Это случилось так. У меня была комната с отдельным входом. Каждый вечер у меня собирались друзья.

Однажды я проснулся среди ночи. Увидел грязную посуду на столе. *С тоской* подумал о вчерашнем. Помню, три раза бегали за водкой.

Вдруг чувствую — я не один. На диване между холодильником и радиолой кто-то спит. Я спросил:

— Вы кто?

— Лена, — ответил неожиданно спокойный женский голос.

Я задумался, потом спросил:

— А кто вы, Лена?

Спокойный женский голос сказал:

— Меня забыл Гуревич.

— Как это забыл?

— Гуревич напился и вызвал такси.

Наконец-то я вспомнил эту женщину. Худая, бледная, с монгольскими глазами.

День начинался странно и таинственно. Я пошёл в душ. После душа в моей жизни наступает какая-то ясность.

Выхожу через три минуты — кофе на столе, печенье, джем.

Мы завтракали, разговаривая о ерунде. Всё было мило, легко и даже приятно... Лена взяла вещи, надела туфли и говорит:

— Я пошла.

— Спасибо за приятное утро.

Вдруг слышу:

— Буду около шести.

— Хорошо, — говорю.

Я подумал, а вдруг она меня с кем-то путает? С каким-то близким и дорогим человеком?

Вечером поужинали. Я сел заниматься. Лена вымыла посуду.

Смотрю — час ночи. Надо ложиться спать. Лена говорит:

— Посидите на кухне.

Сижу, курю. Прочитал вчерашнюю газету. Прихожу в комнату – спит. На том же самом диване.

Я лег, послушал — ни одного звука... Я минут десять подождал и тоже уснул.

Утром всё снова. Легкая неловкость, душ и кофе с молоком...

Вечером я сказал:

— Лена, давайте поговорим. Происходит что-то непонятное. У меня есть несколько вопросов. Разрешите без церемоний.

— Я вас слушаю, — говорит.

Спрашиваю:

— Вам что, негде жить?

Немного обиделась. Вернее — слегка удивилась.

— Почему негде? У меня квартира в Дачном, а что?

— Да ничего... Мне показалось... Я думал... Тогда ещё один вопрос. Тысячу раз извините... Может быть, я вам нравлюсь?

Наступила пауза. Я чувствую, что краснею. Наконец, она сказала:

— У меня к вам претензий нет.

Она была абсолютно спокойна. Взгляд холодный и твёрдый, как угол чемодана.

— И последний вопрос. Только не сердитесь... Вы, случайно, не работник комитета государственной безопасности?

Всё бывает, думаю. Человек я всё-таки заметный. Достаточно много пью. Болтаю много. «Немецкая волна» обо мне говорила...

Слышу:

— Нет, я в парикмахерской работаю.

И потом:

— Если вопросов больше нет, давайте пить чай.

Так это всё и началось. Днем я бегал по городу и искал работу. Приходил расстроенный, униженный, злой. Лена спрашивала:

— Вам чаю или кофе?

Мы почти не разговаривали. Только деловая информация. Например, она говорила:

— Вам звонил какой-то Бескин...

Или:

— Где у нас стиральный порошок?

Мой режим изменился. Дамы почти не звонили. Да и что звонить, если отвечает спокойный женский голос?

Мы оставались совершенно незнакомыми людьми.

В субботу утром я сказал:

— Лена, послушайте меня! Разрешите мне быть откровенным. Мы живем как муж и жена... Но — без главного элемента такой жизни... Вы готовите, стираете... Объясните мне, что это значит? Я могу сойти с ума...

Лена спокойно посмотрела на меня.

— Вы хотите, чтобы я ушла?

— Не знаю, чего я хочу! Я хочу понять...

Лена помолчала, опустила монгольские глаза и говорит:

— Если вам нужно ЭТО — пожалуйста.

— Да нет уж, — говорю, — зачем?..

Разве я могу, думаю, *так грубо нарушить это спокойствие*.

Прошло ещё две недели. Спасла меня водка. Я пил в одной прогрессивной редакции. Домой приехал около часа ночи. Ну и, как бы это сказать... забылся... *посягнул*....

Это была не любовь. Даже не минутная слабость. Это была попытка уйти от хаоса. Мы даже не перешли на «ты».

А через год родилась дочка Катя. Так и познакомились...

(по С. Довлатову)

3

ДОМ. КВАРТИРА

Задание 1.

Расскажите о себе: где вы сейчас живёте — в центре города или на окраине? В доме или квартире? Ваша квартира большая или маленькая? На каком она этаже? В вашем доме есть лифт? Сколько у вас комнат? Ваша квартира удобная? Как вы понимаете поговорку: «Дома и стены помогают»?

> Я живу **недалеко от станции метро**.
> **Около моего дома** красивый парк.
> **Напротив парка** стадион.
> **Окна** квартиры **выходят на юг**.
> **У окна** стоит стол.
> Мы **повесили на стену** картину.
> Вчера **мы с Наташей** ездили на дачу.

Урок 3 (три)

Прочитайте текст. Обратите внимание на выделенные конструкции.

Иван Петрович отвечает Сирпе

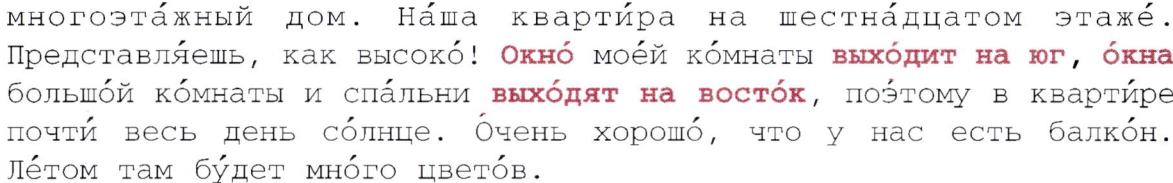

Здравствуй, дорогая Сирпа!
Большое спасибо за письмо. Как много приятных новостей я узнал о тебе! Поздравляю тебя и Мишеля с рождением дочери. Желаю вам всем здоровья и счастья. Я очень хорошо понимаю, что у тебя сейчас совсем нет времени. Но ребёнок — это такое счастье! Время летит быстро, дети растут, и, может быть, скоро твоя маленькая Мари тоже будет изучать русский язык. Ты молодец, что не забываешь его!

Вы тоже можете поздравить меня: я купил трёхкомнатную квартиру в новом и очень зелёном районе. Помнишь, где находится станция метро «Озерки»? **Недалеко от этой станции** построили большой многоэтажный дом. Наша квартира на шестнадцатом этаже. Представляешь, как высоко! **Окно** моей комнаты **выходит на юг**, **окна** большой комнаты и спальни **выходят на восток**, поэтому в квартире почти весь день солнце. Очень хорошо, что у нас есть балкон. Летом там будет много цветов.

В новую квартиру мы купили новую мебель: диван и кресла в гостиную, большой шкаф в коридор, круглый стол и стулья на кухню.

Теперь у меня есть комната, где я могу работать. **Там стоят** только **диван, книжный шкаф и письменный стол**. А **на стене висит фотография** нашей группы. Я всем говорю, что это мой кабинет.

В гостиную мы поставили стенку, мягкую мебель, журнальный столик и, конечно, телевизор. Все говорят, что у нас очень уютно.

В квартире большая кухня, и это нам очень нравится. Ты, конечно, помнишь, как много времени мы все проводим на кухне. **Я** даже **поставил туда маленький телевизор** и теперь, когда я завтракаю, могу смотреть новости.

Ну, а в спальне мы ничего не меняли. Мебель та же самая. **Повесили** только новые **шторы**.

Я специально так много написал тебе о нашей квартире, потому что теперь, когда мы все встретимся, мы уже не будем говорить: «В тесноте, да не в обиде».

Большой привет Мишелю и маленькой Мари.
До свидания. Всего вам хорошего.
P.S. Через неделю я еду в Барселону в гости к Рамону. **Мы с ним** позвоним тебе.
Иван Петрович.

Ответьте на вопросы:

1. Какую квартиру купил Иван Петрович? 2. В каком районе? 3. В каком доме? 4. На каком этаже? 5. Куда выходят окна квартиры? 6. Какую мебель купил Иван Петрович? 7. Что стоит в его кабинете? 8. Почему Иван Петрович поставил телевизор на кухню? 9. Как вы понимаете поговорку: «В тесноте, да не в обиде»?

Это вы помните!

Около У Напротив Посредине	*чего?*	Недалеко *от чего?* Рядом *с чем?*

Кто? Что?	*Кого? Чего?*
инженер, преподаватель	инженер*а*, преподавател*я*
стол, музей, портфель	стол*а*, музе*я*, портфел*я*
зеркало, здание	зеркал*а*, здани*я*
Марина, Катя, Лидия	Марин*ы*, Кат*и*, Лиди*и*
ваза, песня, тетрадь, фотография	ваз*ы*, песн*и*, тетрад*и*, фотограф*ии*

Упражнение 1. Составьте словосочетания со следующими словами:

около — школа, университет, больница, консерватория, институт;
недалеко от — театр, музей, поликлиника, парк, филармония;
напротив — станция метро, окно, дом, академия, зоопарк, магазин;
у — стена, шкаф, стол, дверь, зеркало.

Какой? Какое? Какая?	*Какого? Какой?*
интересн*ый* человек	интересн*ого* человека
последн*ий* урок	последн*его* урока
больш*ое* окно	больш*ого* окна
ранн*ее* утро	ранн*его* утра
известн*ая* певица	известн*ой* певицы
летн*яя* ночь	летн*ей* ночи

Упражнение 2. Ответьте на вопросы. Используйте слова, данные справа.

1. Где находится филармония?	около, Русский музей
2. Где ты будешь ждать меня?	напротив, Мариинский театр
3. Где живут твои родители?	недалеко от, Исаакиевская площадь
4. Где вы сидели?	рядом с, мой друг
5. Где находится ваша дача?	около, станция Репино
6. Где висит картина?	около, книжный шкаф
7. Где находится станция метро?	напротив, Казанский собор
8. Где живёт твой друг?	недалеко от, Публичная библиотека
9. Где мы встретимся завтра?	у, Пушкинский театр
10. Где стоит стол?	посредине, комната

Упражнение 3. Измените данные словосочетания по модели.

Модель: брат и я — мы с братом

1. подруга и он — ....
2. сестра и ты — ....
3. Катя и я — ....
4. родители и мы — ....
5. друзья и вы — ....

стоять	там	ставить (поставить)	туда
лежать	*где?*	класть (положить)	*что? куда?*
висеть	здесь	вешать (повесить)	сюда

Куда?
туда — сюда

Упражнение 4. Вместо точек вставьте нужный глагол.

1. Книги ... на полу. — Кто ... их на пол?
2. Одежда ... на стульях. — Кто ... одежду на стулья?
3. Цветы ... на холодильнике. — Зачем ты ... цветы на холодильник?
4. Фотография ... на столе. — Почему ты не ... фотографию на стену?
5. Журналы ... на кровати. — ... их на журнальный столик.
6. Молоко ... на столе. — Надо ... молоко в холодильник.

7. Где ... мой плащ? — Зачем ты ... его в шкаф? Он же мокрый.

8. Почему телефон ... на кровати? — Я ... телефон на кровать, потому что ночью мне звонил друг.

9. Где ... мои документы? Опять они ... не на месте! — Кто ... их сюда?

10. Ваши вещи ... в чемодане. — Надо ... их в шкаф.

Упражнение 5. Закончите фразы, используйте нужные глаголы.

1. Папа положил деньги в шкаф, а мама всегда ...
2. Иван Петрович поставил телевизор на кухню, русские часто ...
3. Шеф положил документы в сейф, он всегда ...
4. Сегодня шёл дождь, и я повесил пальто в коридор, но обычно я ...
5. Почему вы повесили ковёр на стену? Мы никогда не ...
6. Она поставила тапочки под кровать. Каждый раз она ...

Упражнение 6. Вставьте нужный глагол.

Это мой кабинет. В углу ... письменный стол. На столе ... книги, журналы, словари, тетради, блокноты. Почему они не ... на полке? Потому что я переводчик, работаю много и всё должно быть под рукой. Даже на диване ... мои бумаги. Жена всегда говорит мне: «Убери всё на место!» Но мне некогда, и она сама ... словари в книжный шкаф, ... бумаги в письменный стол, а ручки и карандаши ... в стаканчик, который ... на столе. Она очень не любит беспорядок. Напротив дивана ... шкаф, где должна ... моя одежда. Но она ... на стульях и диване, а не в шкафу. Ведь я каждый день хожу на работу, и мне некогда искать вещи в шкафу. Не понимаю, зачем нужен шкаф! Так удобно, когда всё рядом. Жена всегда ... мои брюки и рубашки в шкаф, а я опять ... их на стулья. Когда я работаю, я люблю пить чай. Я ... на стол чашку, печенье, конфеты. Иногда конфеты и печенье падают на пол, но я не замечаю, я же работаю! Не понимаю, почему жене это не нравится?

> **Клади(те)! — Положи(те)!**
> **Ставь(те)! — Поставь(те)!**
> **Вешай(те)! — Повесь(те)!**

Упражнение 7. Ответьте на вопросы, используя слова: *положи(те), поставь(те), повесь(те)*.

1. Куда поставить цветы? 2. Куда положить сыр? 3. Куда повесить плащ? 4. Куда положить билеты? 5. Куда повесить картину? 6. Куда поставить телевизор? 7. Куда повесить брюки? 8. Куда положить деньги? 9. Куда поставить кресло?

러시아어 회화 2 | **Урок 3 (три)**

Готовимся к разговору

Задание 1. Посмотрите на картинку и скажите, что где *стоит, висит, лежит*. Используйте слова *около, напротив, у, посредине, слева от, справа от, рядом с*.

Задание 2. Посмотрите на рисунок задания еще раз. Вам не нравится, как стоит мебель в этой квартире? Как вы думаете, куда лучше поставить, положить, повесить все эти вещи?

Задание 3. Задайте вопросы к следующим фразам.

1. .... ?
Мы живём в новом районе.
2. .... ?
У нас трёхкомнатная квартира.

3. .... ?

Óкна комнат выхо́дят на восто́к, а окно́ ку́хни — на за́пад.

4. .... ?

На́ша кварти́ра на тре́тьем этаже́.

5. .... ?

Да, у нас есть балко́н.

6. .... ?

Мы перее́хали в э́ту кварти́ру год наза́д.

7. .... ?

Да, наш райо́н о́чень зелёный.

8. .... ?

Нет, о́коло на́шего до́ма нет ста́нции метро́.

9. .... ?

В на́шем до́ме двена́дцать этаже́й.

10. .... ?

В большо́й ко́мнате стоя́т сте́нка, мя́гкая ме́бель, ту́мбочка, телеви́зор, стол, четы́ре сту́ла и пиани́но.

11. .... ?

Портре́т мое́й ба́бушки виси́т в моём кабине́те.

Задание 4. Прочитайте объявления и составьте подобные.

Меняю 3-комн. квартиру (метро, новый район); 12-этажн. дом / 7 этаж на 2-комн. и 1-комн. Тел. 315-20-12

Продаю 2-комн. квартиру (метро, центр); 5-этажн. дом/ 5 этаж, лифт. Тел. 148-19-90. Спросить Мишу.

Сдаю комнату в 4-комн. квартире (метро «Садовая»), 2 этаж, балкон. Тел. 114-70-60.

Сниму 1-комн. квартиру (м. «Пионерская»); телефон, все удобства. Тел. 956-00-11.

Задание 5. Составьте диалоги на основе предложенных ситуаций. Используйте словосочетания, данные в скобках.

1. Ваш друг переехал в новую квартиру. Вы были у него в гостях. Расскажите о его квартире (большая, светлая….; 16-этажный дом, окраина города, зелёный район; 3-комнатная; новая мебель; в большой комнате стоит…, лежит…, висит…)

2. Вы купили мебель для своего кабинета. Скажите, куда и что вы поставите, повесите, положите (письменный стол, компьютерный стол, полки, кровать…, посредине, в угол, напротив…)

3. Расспросите вашу подругу о квартире, которую она купила недавно (где находится…, на каком…, в каком…, сколько комнат…, у вас есть…).

Задание 6. Объясните, как вы понимаете следующие выражения: *мой дом — моя крепость; чувствовать себя как дома; дом — полная чаша.* Придумайте ситуации, в которых их можно употребить.

Задание 7. Прочитайте диалоги про себя, обратите внимание на выделенные слова и словосочетания, типичные для русской разговорной речи. Прослушайте их в записи. Прочитайте диалоги вслух. Опишите квартиру и дачу, о которых идёт речь.

Диалог 1

— Кого я вижу! Лёночка! Куда ты пропала? Звоню тебе, звоню, но телефон не отвечает.

— Ой, не спрашивай. Мы купили новую квартиру, делали ремонт и только неделю назад переехали.

— Здорово! Новая квартира — это всегда приятно. Вам нравится?

— Да, очень. Представляешь, 10 минут от метро, рядом — парк, недалеко спортивный комплекс, кинотеатр и в двух шагах — большой универсам.

— Отлично. Дорогая?

— Да, не дешёвая. Но что делать? К нам переехала свекровь, а старая квартира такая маленькая!

— Свекровь?! К вам?! Но почему?

— Она уже пожилая, и ей трудно жить одной. Вот мы и пригласили её к себе. Да и нам будет легче: она мне очень помогает.

— У неё своя комната?

— Да, конечно. Ведь мы купили пятикомнатную квартиру. Места всем хватит: у неё своя комната, у дочки, кабинет мужа, спальня, большая комната, или, как многие говорят, гостиная.

— А кухня большая?

— Да, огромная и с балконом.

— **Красота!** А в каком районе? В новостройках?

— Нет. Это уже не новый район. Знаешь, где находится Приморский парк? Там построили многоэтажный дом.

— Да, да, да. Я видела этот дом. Очень красивый. Кажется, новый проект.

— Вот в этом доме мы и живём. Приходи в гости.

— Спасибо, приду обязательно.

Диалог 2

— Какое счастье — скоро отпуск! Мы с женой решили отдохнуть в этом году **как следует**.

— А где?

— Купили путёвки на Канары.

— На Канары?

— Да, на Канарские острова. Я давно мечтал там побывать. Представляешь: море, солнце, яхты, удивительная природа! Поехали с нами!

— **Ни за что на свете!** Я отдыхаю только на даче.

— Ну... **Что это за** отдых!

— Ты не видел мою дачу. Она находится в очень красивом месте: в двух шагах от озера, рядом — сосновый лес, воздух — необыкновенный. А дом у меня какой! Двухэтажный, пять комнат, душ, туалет, есть веранда, во дворе — баня. В саду висит гамак, под яблоней поставили стол, по вечерам мы там ужинаем, пьём чай.

— И не скучно?

— Мне **некогда скучать**. У нас большой сад и огород. Я очень люблю работать в саду. Знаешь, как приятно зимой есть свою картошку, огурчики, варенье!

— Ну, что же. **Каждому своё.**

Задание 8. Посмотрите на рисунки. Назовите действующих лиц этой истории. Как вы думаете, всегда ли приезд гостей — приятное событие? Задайте друг другу вопросы по каждому рисунку. Составьте, если это возможно, диалоги к каждому рисунку. Расскажите (напишите) на основе рисунков всю историю. Расскажите (напишите) эту историю от лица одного из героев, скажите, как вы поступили бы на его месте. Придумайте название этой истории.

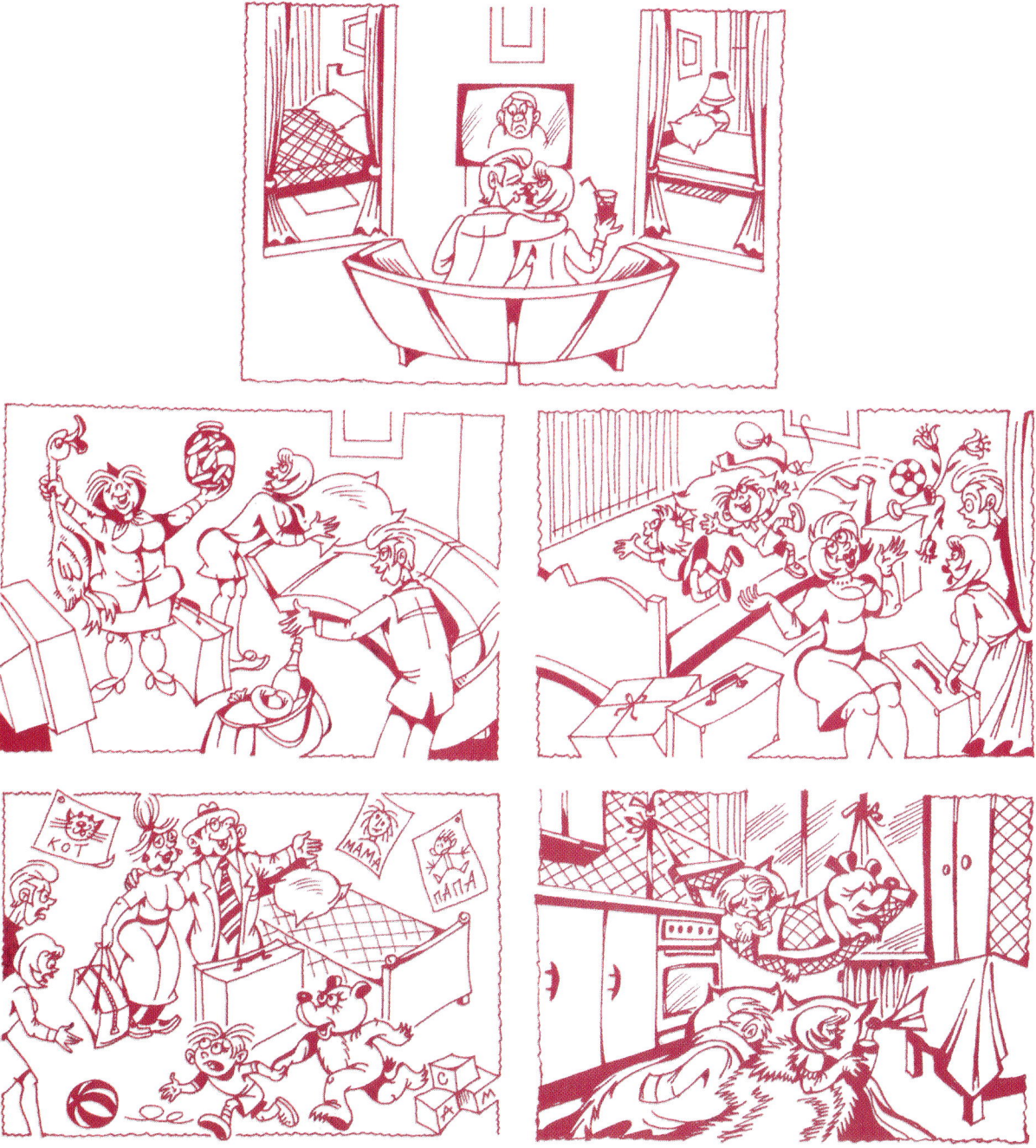

Давайте поговорим!

1. Как вы думаете, где лучше жить: в доме или квартире? Почему?
2. Какой должна быть идеальная квартира?
3. Что значит для человека родной (отчий) дом?
4. В каком районе лучше жить — в новом или в старом?
5. В каком городе вы предпочитаете жить: в большом или маленьком?
6. Какие преимущества имеет жизнь за городом?
7. Как вы представляете себе город будущего?

Повторение — мать учения

*Слова и словосочетания,
которые помогут вам поговорить о доме и квартире*

ОКРА́ИНА
НОВОСТРО́ЙКИ
МНОГОЭТА́ЖНЫЙ (ТРЁХ-, ПЯТИ-...) ДОМ
ТРЁХКО́МНАТНАЯ (ПЯТИ-...) КВАРТИ́РА
ГОСТИ́НАЯ, СПА́ЛЬНЯ, КАБИНЕ́Т, КУ́ХНЯ
О́КНА ВЫХО́ДЯТ (*куда?*)
СТЕ́НКА
МЯ́ГКАЯ МЕ́БЕЛЬ
ТУ́МБОЧКА
КЛАСТЬ/ПОЛОЖИ́ТЬ (*что? куда?*)
СТА́ВИТЬ/ПОСТА́ВИТЬ (*что? куда?*)
ВЕ́ШАТЬ/ПОВЕ́СИТЬ (*что? куда?*)
УБИРА́ТЬ/УБРА́ТЬ (*что? куда?*)
ПЕРЕЕ́ХАТЬ/ПЕРЕЕЗЖА́ТЬ (*куда?*)
БЕСПОРЯ́ДОК
В ДВУХ ШАГА́Х ОТ (*чего?*)
ОГРО́МНЫЙ
ВЕРА́НДА
БА́НЯ
ГАМА́К
ОГОРО́Д

Используя слова, словосочетания и грамматический материал темы, выполните следующие задания.

러시아어 회화 | Урок 3 (три)

Задние 1. Напишите максимум определений к словам: *дом, квартира, район, мебель.*

Задание 2. Напишите нужные глаголы:

— Máша, кудá .... цветы́?
— .... цветы́ в вáзу.

— Сергéй, кудá ты .... мой пáспорт?
— Я .... егó в стол.

— Где .... мои́ учéбники?
— Ты .... их на окнó.

— Почемý пальтó .... на дивáне?
— Это Пéтя .... егó сюдá. ...., пожáлуйста, в шкаф.

Не .... словáрь на пóлку. Он всегдá .... у меня́ на столé.

— Кудá .... сыр?
— .... егó в холоди́льник.

Задание 3. Дайте подробные ответы на следующие вопросы.

— Говоря́т, ты купи́л нóвую кварти́ру. Где?
— ....

— Это хорóший райóн?
— ....

— Какáя у тебя́ кварти́ра?
— ....

— Что ты постáвил в свой кабинéт?
— ....

— А какýю мéбель ты купи́л в гости́ную?
— ....

— А где же тепéрь живýт твои́ роди́тели?
— ....

51

Внеклассное чтение

Александра Маринина — кандидат юридических наук, подполковник милиции. Её имя широко известно российскому читателю, так как она является автором многочисленных детективных романов. «Русская Агата Кристи», как называют её журналисты, продолжает традиции классического детектива, в котором раскрытие преступлений не только интеллектуальная игра, но и попытка противостоять злу в самом широком смысле этого слова.

ТОТ, КТО ЗНАЕТ
(отрывок из романа)

Она с трудом привыкала к простору. Огромная гостиная, большая спальня, уютный кабинет с компьютером и книгами, комната Алёши, комната для гостей, если кто-то останется ночевать. Обставленная встроенной мебелью кухня-столовая. Огромных размеров ванная комната с джакузи, душевой кабиной, массой приятных и полезных устройств. Для гостей — отдельный туалет, в который можно войти из холла. Сколько же денег вложил Андрей в эту квартиру? Даже подумать страшно.

Наташа до сих пор помнила тот шок, в котором она была, когда увидела у подъезда Андрея с грузчиками.

— Что происходит? — спросила она.

— Я переезжаю в этот дом, купил здесь квартиру, на втором этаже, — ответил Ганелин. — Сначала сделаем с тобой ремонт, потом будем здесь жить.

Наташа стояла на улице и не могла сказать ни слова. Наконец она спросила:

— Как это понимать, Андрюша? Что это всё значит?

— Дорогая моя, это значит только одно: я тебя очень люблю, — он слегка улыбнулся. — И я понимаю твою семейную ситуацию. Ты не можешь оставить своих сыновей без присмотра, особенно Алёшу, ему надо в этом году в институт поступать. Ты не можешь оставить свою соседку Бэллу Львовну, потому что ей уже семьдесят восемь лет. Ты не можешь бросить свою беспомощную сестру. И ты должна разрываться между мной и своей семьёй. Вот я и решил: зачем тебе так мучиться? Я буду жить в том же доме, что и ты, и мы все будем рядом, но в то же время отдельно. Ты будешь жить со мной на втором этаже, твоя комната в старой коммунальной квартире освободится, и мальчики смогут, наконец, разделиться. Им уже тесно в одной комнате. Кстати, — добавил он, — я предлагаю, чтобы Алёша жил с нами. Саша — студент, у него уже взрослая жизнь, а Алёше надо очень много заниматься, и будет лучше, если мы будем его контролировать.

Он говорил легко и уверенно.

— Андрюша, я не могу поверить, — сказала Наташа. — Ты приходил сюда, смотрел квартиру и ничего мне не сказал? Я не понимаю, как так можно. Честное слово, не понимаю. Мы с тобой что, чужие?

— Наташенька, дорогая моя, я просто не хотел тебя волновать. У тебя так много работы. Ты только что закончила снимать сериал. Ты же сама все это говорила мне, разве нет?

— Говорила, — ответила Наташа.

— Ну вот видишь. Зачем тебя нервировать? Но согласись, что решение я принял правильное.

— Значит ты хочешь, чтобы я жила на два дома? — сердито начала она. — Мало мне огромной четырёхкомнатной квартиры, которую я должна мыть и убирать и где я должна стирать и готовить на всех, я должна буду убирать и твои хоромы, да? И готовить тебе отдельные обеды и ужины? И отдельно мыть за тобой посуду? Ты хочешь, чтобы я бросила работу и стала домохозяйкой? Это твоя любовь?

Андрей несколько секунд смотрел на неё, потом от души рассмеялся.

— Ну ты даёшь! Тебе сорок три года, Наталья, ты всю жизнь всё делала одна в своей коммуналке и другой жизни не видишь. Ты слышала такое слово: домработница? Нет? Пойди посмотри в словаре. Мы пригласим домработницу, которая будет обслуживать твою старую квартиру.

— Ты и это за меня решил?

— Послушай, не будь упрямой. Ты не можешь до конца дней быть домработницей и экономкой, хватит! Твоё дело — снимать кино, ты сценарист и режиссёр, так и занимайся своим делом. Для чего ты получала два образования?

Несколько дней Наташа ходила и не понимала, что происходит вокруг неё. Но чем больше она думала обо всём, тем больше понимала, что Андрей прав.

4

МОЙ ДЕНЬ

Задание 1.

Где вы работаете? Кто вы по профессии? Когда начинается ваш рабочий день? А когда заканчивается? Когда вы обычно встаёте? А когда ложитесь спать? Как вы проводите выходные? Как вы понимаете выражение *встать чуть свет*?

Обычно я встаю **без пятнадцати семь**.
Он ложится спать **около одиннадцати**.
Позвони мне **часа в три**.
До отпуска осталось три дня.
Во время работы он забывает обо всём.
После экскурсии мы пойдём обедать.
Пойдём **куда-нибудь** вечером!
Он бывал **в разных странах**.
Я встаю рано, **потому что** мой рабочий день **начинается** в 9 часов.
Завтра у него трудный день, **поэтому** он лёг спать рано.

54

Урок 4 (четыре)

Прочитайте текст. Обратите внимание на выделенные конструкции.

В гостя́х у Рамо́на

Ива́н Петро́вич давно́ мечта́л побыва́ть в Испа́нии. И вот он в Барсело́не. В аэропорту́ его́ встре́тили Рамо́н и его́ подру́га Ни́на, и они́ пое́хали к Рамо́ну домо́й.

Р.: Ива́н Петро́вич, как я рад, что вы прие́хали! Чу́вствуйте себя́ как до́ма. Дава́йте поду́маем, что мы бу́дем де́лать за́втра.

И.П.: Рамо́н, я не хочу́ меня́ть ва́ши пла́ны. Ты же зна́ешь, что я мно́го путеше́ствую и прекра́сно ориенти́руюсь **в незнако́мых места́х**. У меня́ есть хоро́ший путеводи́тель, я его́ внима́тельно изучи́л и зна́ю, что мне ну́жно посмотре́ть в Барсело́не. А днём мы мо́жем пообе́дать вме́сте. Что ты де́лаешь за́втра?

Р.: За́втра у меня́ са́мый обы́чный день.

И.П.: Интере́сно, что зна́чит обы́чный день для худо́жника?

Р.: Сейча́с я вам всё расскажу́. Встаю́ я не ра́но, **часо́в в 10—11**. Принима́ю душ, чи́щу зу́бы, бре́юсь, пью ко́фе. И сра́зу **начина́ю рабо́тать** в свое́й мастерско́й. Во вре́мя рабо́ты вре́мя лети́т незаме́тно, иногда́ я да́же забыва́ю пообе́дать. **Около шести́** прихо́дит Ни́на, и мы вме́сте у́жинаем. Ве́чером **куда́-нибудь** идём с друзья́ми.

И.П.: Ни́на, а когда́ **начина́ется** ваш **рабо́чий день**?

Н.: Ра́но. Я рабо́таю в туристи́ческой фи́рме. Она́ открыва́ется в **полдевя́того**, **поэ́тому мне прихо́дится встава́ть в 7 часо́в**, а так хо́чется поспа́ть! Я всегда́ зави́дую Рамо́ну, когда́ собира́юсь на рабо́ту: он спит, а я встаю́, бы́стро принима́ю душ, чи́щу зу́бы, за́втракаю, одева́юсь и бегу́ на метро́. Сла́ва Бо́гу, о́фис нахо́дится недалеко́ от на́шего до́ма, и я тра́чу на доро́гу **мину́т 20—25**.

И.П.: А обе́даете вы до́ма?

Н.: Нет, что вы! Мой обе́денный переры́в тако́й коро́ткий — **с полови́ны пе́рвого до ча́са, поэ́тому я обе́даю в кафе́**, кото́рое нахо́дится недалеко́ от фи́рмы. **В пять часо́в** мой рабо́чий **день конча́ется**, и я иду́ домо́й. Пра́вда, по доро́ге захожу́ в магази́ны, покупа́ю проду́кты для у́жина. Рамо́н так увлека́ется рабо́той, что забыва́ет пое́сть. Я бы́стро гото́влю что́-нибудь вку́сненькое, мы у́жинаем и идём гуля́ть и́ли в го́сти. Вы, наве́рное, зна́ете об э́том испа́нском обы́чае — гуля́ть ве́чером, **поэ́тому мы ложи́мся спать по́здно, о́коло двух**. Я уже́ так привы́кла **куда́-нибудь** ходи́ть по вечера́м! Не представля́ю, что я бу́ду де́лать, когда́ верну́сь домо́й. В Петербу́рге по́сле рабо́ты я ча́ще всего́ сижу́ до́ма.

И.П.: А как же вы проводите выходные? Наверное, никуда не ходите, **потому что гулять уже не хочется**.

Р.: Нет, что вы! Мы обязательно **куда-нибудь** идём. У меня так много друзей! Мы часто с ними встречаемся, ходим в театры, музеи. Барселона, как и Петербург, настоящий музей под открытым небом.

И.П.: Да, я это знаю. Вот и я буду ходить в музеи, бродить по улицам, смотреть, слушать и любоваться этим прекрасным городом. А вечером буду рассказывать вам, где побывал и что видел. Хорошо?

Р.: Конечно, но только вечером и в выходные мы не дадим вам покоя. **Будете гулять вместе с нами**, а спать будете дома, в Петербурге. Договорились?

И.П.: Договорились!

Ответьте на вопросы.

1. Куда и к кому приехал Иван Петрович?
2. Что узнал Иван Петрович об обычном дне Рамона? Когда Рамон встаёт?
3. Что он делает до работы?
4. А что рассказала ему о своём дне Нина? Когда она встаёт?
5. Когда начинается её рабочий день?
6. Сколько времени она тратит на дорогу?
7. Когда у неё обеденный перерыв?
8. Когда кончается её рабочий день?
9. Когда Нина и Рамон ложатся спать?
10. Как они проводят свободное время?

Кто? Что?	Где? О ком? О чём?
артист*ы*, девушк*и*	об артист*ах*, о девушк*ах*
преподаватели	о преподавател*ях*
музе*и*	в музе*ях*, о музе*ях*
окн*а*	на окн*ах*
мор*я*	в мор*ях*
комнат*ы*	в комнат*ах*
аудитори*и*	в аудитори*ях*

Какие?	В/на каких? О каких?
молод*ые* (наш*и*) артисты	о молод*ых* (наш*их*) артистах
высок*ие* здания	в высок*их* зданиях
летн*ие* каникулы	на летн*их* каникулах

Урок 4 (четыре)

Упражнение 1. Ответьте на вопросы, используя слова, данные справа.

1. Где живу́т ва́ши друзья́?	ра́зные города́ и стра́ны
2. В каки́х теа́трах бы́ли тури́сты?	драмати́ческие и о́перные теа́тры
3. В каки́х магази́нах вы покупа́ете кни́ги?	кни́жные магази́ны
4. О чём пи́шут сего́дняшние газе́ты?	после́дние полити́ческие собы́тия
5. О каки́х писа́телях вы слу́шали ле́кцию?	изве́стные ру́сские писа́тели
6. О чём вы расска́зывали друзья́м?	свой увлече́ния
7. О ком э́та переда́ча?	францу́зские худо́жники

За́втра я вста́ну в 7 часо́в.
Сего́дня я ля́гу спать ра́но.

Я вста́ну   Я ля́гу
Ты вста́нешь...   Ты ля́жешь...
Они́ вста́нут   Они́ ля́гут

Это вы помните!

Я встаю́, ложу́сь...   Он встал, лёг... и т. д.
Ты встаёшь, ложи́шься... и т. д.

Встава́й! Встава́йте!
Ложи́сь! Ложи́тесь!

Упражнение 2. Раскройте скобки.

1. Татья́на обы́чно (встава́ть — встать) в 9 часо́в, а сего́дня она́ (встава́ть — встать) в 6. 2. Сего́дня я приду́ с рабо́ты и сра́зу (ложи́ться — лечь) спать, потому́ что пло́хо себя́ чу́вствую. 3. (Встава́ть — встать), уже́ 8 часо́в! 4. Я никогда́ не (ложи́ться — лечь) ра́но. 5. Вчера́ мы (ложи́ться — лечь) в 12 часо́в. 6. (Ложи́ться — лечь) спать, уже́ по́здно! 7. Ты ка́ждый день (ложи́ться — лечь) так по́здно? 8. За́втра мне ну́жно (встава́ть — встать) о́чень ра́но. 9. В воскресе́нье я (встава́ть — встать) в 7 часо́в и пое́ду в аэропо́рт встреча́ть бра́та. 10. За́втра воскресе́нье, и мы мо́жем (встава́ть — встать) часо́в в 10.

Два́дцать пять мину́т второ́го.
Без десяти́ (мину́т) четы́ре.

Упражне́ние 3. Напиши́те ци́фрами, ско́лько вре́мени:

де́сять мину́т девя́того ....
без пятна́дцати шесть ....
полпя́того, без двадцати́ де́вять ....
без двух мину́т три, че́тверть второ́го ....
оди́ннадцать часо́в ро́вно ....
два́дцать пять мину́т восьмо́го ....
без десяти́ час ....
пять мину́т пе́рвого ....
без двадцати́ пяти́ семь ....
без че́тверти четы́ре ....
полови́на тре́тьего ....
пятна́дцать мину́т шесто́го ....

Упражне́ние 4. Скажи́те, ско́лько вре́мени:

| 2.05 | 4.20 | 9.45 | 11.25 | 3.35 | 12.30 | 6.40 |
| 9.10 | 12.00 | 22.17 | 7.55 | 21.30 | 5.15 | 23.50 |

> Серге́й начина́ет рабо́тать в 9.
> Спекта́кль начина́ется в семь часо́в.
> Мы продолжа́ем изуча́ть ру́сский язы́к.
> Уро́к продолжа́ется 45 мину́т.
> А́ня конча́ет рабо́тать в шесть часо́в.
> Фильм ко́нчился о́чень по́здно.
>
> Начина́ть(-ся) / нача́ть(-ся)
> Продолжа́ть(-ся) — продо́лжить(-ся)
> Конча́ть(-ся) — ко́нчить(-ся)

Упражне́ние 5. Вме́сто то́чек напиши́те глаго́лы *начина́ть — начина́ться, продолжа́ть — продолжа́ться, конча́ть — конча́ться* в ну́жной фо́рме.

1. Рамо́н .... изуча́ть ру́сский язы́к 5 лет наза́д. 2. Ско́лько вре́мени .... ваш рабо́чий день? 3. Спекта́кли в петербу́ргских теа́трах .... в 7 часо́в, а .... о́коло 11. 4. Ире́на .... чита́ть текст, Си́рпа ...., а Том .... 5. Ю́ра .... шко́лу в 1985 году́. 6. Ле́на пришла́ с рабо́ты и сра́зу .... гото́вить у́жин. 7. Когда́ вчера́ .... футбо́л? 8. Чемпиона́т ми́ра по футбо́лу ещё ....

Упражне́ние 6. а) Посмотри́те телевизио́нную програ́мму, скажи́те, когда́ начина́ются, ско́лько продолжа́ются и когда́ конча́ются переда́чи. Как вы ду́маете, о чём э́ти переда́чи?

7.00. Но́вости.	13.45. «Михаи́л Горбачёв. По́сле импе́рии» — документа́льный фильм.
7.15. «Сосе́ди» — худо́жественный фильм.	14.45. Здоро́вье.
8.45. Вку́сные исто́рии.	15.15. Вокру́г све́та.
9.00. Му́зыка из Петербу́рга.	16.50. Фильм де́тям. «Зо́лушка».
9.45. Мультфи́льмы.	18.50. Телеигра́ «Кто хо́чет стать миллионе́ром?»
10.00. Но́вости.	19.55. Смехопанора́ма.
10.10. Спорт-экспре́сс.	20.45. Споко́йной но́чи, малыши́!
10.40. «Санта-Барба́ра» — сериа́л.	21.00. Вре́мя.
11.05. Ваш сад.	21.50. «Дневни́к его́ жены́» — худо́жественный фильм.
11.35. Галере́я иску́сств.	
11.55. В ми́ре живо́тных.	
12.30. Футбо́льная Евро́па.	
13.00. Челове́к и зако́н.	00.00. Ночны́е но́вости.

б) Расскажите о наиболее популярных передачах в вашей стране.

Упражнение 7. а) Вместо точек вставьте союзы *потому что* или *поэтому*.

1. Мы остались дома, ... пошёл дождь.
2. Я проснулся поздно,... опоздал на работу.
3. Он выключил телевизор, ... очень хотел спать.
4. Было жарко, ... она открыла окно.
5. Они изучают русский язык, ... хотят читать русскую классику в оригинале.
6. Туристы очень устали, ... не пошли на экскурсию.
7. Отец забыл дома ключи от офиса, ... вернулся домой.
8. Мои друзья очень любят музыку, ... часто ходят в филармонию.
9. Я заснул поздно, ... долго читал.

б) Измените предложения так, чтобы вместо конструкций причины получились конструкции следствия и наоборот.

> Тебе кто-то звонил. = Я не знаю кто.
> Он куда-то ушёл. = Я не знаю куда.
> Я его где-то видел. = Я не знаю где.
> Расскажи что-нибудь интересное. = Неважно что.
> Кто-нибудь из вас говорит по-немецки. = Неважно кто.

Упражнение 8. Выберите правильный вариант: *-то* или *-нибудь*?

1. Надо купить что-... на завтрак. 2. Ты говорил кому-... об этом? 3. Мы с вами где-... встречались. 4. За столом сидел человек и что-... писал. 5. Нина куда-... уехала. 6. У тебя что -... болит? 7. Ты уже познакомился с кем-...? 8. Ты что-... ел сегодня? 9. Вы знаете кого- ... из этих людей? 10. На столе лежал чей-... словарь. 11. Давай купим какой-... сок.

Готовимся к разговору

Задание 1. Составьте предложения в соответствии с данными ситуациями, используя изученные конструкции.

1. Вы хотите взять почитать у знакомого книгу, любую. Как вы попросите?
2. К вашему другу приходил человек, который не представился. Как вы ему скажете об этом?

3. Ваш друг ничего не говорил, но вам показалось, что он задал вам вопрос. Как вы будете реагировать?

4. На улице вас спросили, как доехать до центра. Туда идут все автобусы. Скажите об этом.

5. Как спросить, был ли человек раньше в России?

6. Вы хотите почитать английские журналы, любые. Как вы спросите об этом в библиотеке?

7. Ваш друг идёт в магазин. Как вы попросите его купить вам минеральную воду, пепси-колу или другой напиток?

8. Ваш друг уехал из Петербурга, а вы не знаете куда. Как вы скажете об этом?

Задание 2. **Составьте диалоги на основе предложенных ситуаций. Максимально используйте конструкции времени.**

1. В ваш родной город на один день приезжают друзья. Предложите им программу на этот день.

2. Вы хотите поехать за город. Ваш друг предложил встретиться на вокзале в 8 часов, но вы думаете, что это очень рано.

3. Вы опоздали на концерт. Объясните вашим друзьям причину опоздания.

Задание 3. **Как Вы понимаете следующие выражения:** *экзáмены на носý, лéто не за горáми, дорогá лóжка к обéду?* **В каких ситуациях их можно использовать?**

Задание 4. **Уточните время.**

Модель: — Приходи́ ко мне за́втра часо́в в 5.
— Хорошо́. Я приду́ де́сять мину́т шесто́го.

1. Твой самолёт прилета́ет о́коло десяти́?
2. Уро́ки конча́ются часа́ в три?
3. Оте́ц вы́шел из до́ма о́коло восьми́?
4. Ма́ша вчера́ пришла́ домо́й о́коло оди́ннадцати?
5. Ты мо́жешь позвони́ть мне часо́в в семь?
6. У тебя́ есть расписа́ние авто́бусов? Нам ну́жно вы́ехать из Петербу́рга часо́в в во́семь.
7. Мне ка́жется, э́тот фильм начнётся о́коло девяти́.
8. Дава́й встре́тимся в суббо́ту часа́ в три.

 **Задание 5. а)** Прочитайте диалог про себя. Прослушайте его в записи. Прочитайте его вслух. Расскажите, что вы узнали о Марине и её режиме дня.

Диалог 1

— Áня, ты не забы́ла, что мы сего́дня идём в го́сти?
— Сего́дня? Ой, я абсолю́тно забы́ла и обеща́ла ве́чером пойти́ к Мари́не.
— **А кто така́я Мари́на?**
— Я же тебе́ **сто раз говори́ла** — э́то моя́ шко́льная подру́га. Она́ актри́са, поёт в о́пере и поэ́тому рабо́тает по вечера́м. Спекта́кли начина́ются в 7 и конча́ются часо́в в 11.
— Когда́ же она́ возвраща́ется домо́й?
— О́коло 12.
— Ну, кто́-то ведь сиди́т ве́чером с её ребёнком?
— Не кто́-то, а муж. Про́сто сейча́с он в командиро́вке.
— Когда́ же ты должна́ быть у неё?
— Обы́чно она́ выхо́дит из до́ма часо́в в 11–11.30 утра́, так как днём у неё репети́ции, пото́м часа́ в 4 возвраща́ется домо́й и к спекта́клю опя́ть бежи́т в теа́тр. Но сего́дня спекта́кля нет, поэ́тому я приду́ к ней в 6.
— **Так** она́, наве́рное, **ужа́сно** устаёт?
— Коне́чно. А сейча́с, когда́ у неё ма́ленький ребёнок, ей осо́бенно тру́дно. Ну, что же де́лать! Она́ **не мо́жет жить без теа́тра**.

 б) Прочитайте диалог про себя. Прослушайте его в записи. Прочитайте его вслух. Согласны ли вы, что телевизор вообще можно не смотреть? Расскажите, как вы относитесь к современному телевидению.

Диалог 2

— Ты смотре́л вчера́ америка́нский фильм?
— **Ещё чего́!** Я вообще́ не смотрю́ телеви́зор.
— А почему́?
— Да потому́ что сейча́с по телеви́зору пока́зывают **вся́кую ерунду́**. Сериа́лы, боевики́, фи́льмы у́жасов, ка́ждые пять мину́т рекла́ма. Где хоро́шие фи́льмы и серьёзные аналити́ческие програ́ммы?

— Я тоже не телеман. Но иногда хочется просто отдохнуть. Ведь приятно посмотреть лёгкую комедию или развлекательную программу. А новости? Интересно же знать, что происходит в мире.

— Для этого есть газеты.

— А мне кажется, получать информацию **по телевизору** интереснее и быстрее. Кроме того, разные программы адресованы разным людям. Например, мой пожилые родители очень любят сериалы, а твоего брата **не оторвать от** спортивных передач.

— **На вкус и цвет товарища нет.** А у меня на это нет времени. Вокруг столько интересного!

Задание 6. Посмотрите на рисунки. Назовите действующих лиц этой истории. Как вы поняли, почему девушка опоздала на работу? Задайте друг другу вопросы по каждому рисунку. Составьте, где это возможно, диалоги. Расскажите (напишите) на основе рисунков всю историю. Придумайте название этой истории.

Давайте поговорим

1. Как вы понимаете русскую поговорку: «Де́лу — вре́мя, поте́хе — час»? Согласны ли вы с этим?
2. Говорят, что одни люди — «совы», другие — «жаворонки». А кто вы? Как вы думаете, кому легче организовать свой день?
3. Не кажется ли вам, что современный человек слишком много времени проводит у телевизора?
4. Как вы относитесь к телевизионной рекламе?
5. Напишите идеальную, на ваш взгляд, телевизионную программу на выходной день.

Повторение — мать учения

*Слова и словосочетания,
которые помогут вам рассказать о своем режиме дня*

РАБО́ЧИЙ, ВЫХОДНО́Й ДЕНЬ
ПРОВОДИ́ТЬ/ПРОВЕСТИ́ ВЫХОДНЫ́Е
НАЧИНА́ТЬ(-СЯ)/ НАЧА́ТЬ(-СЯ)
ПРОДОЛЖА́ТЬ(-СЯ)/ПРОДО́ЛЖИТЬ(-СЯ)
КОНЧА́ТЬ(-СЯ) / КО́НЧИТЬ(-СЯ)
ЗАКА́НЧИВАТЬ(-СЯ)/ЗАКО́НЧИТЬ(-СЯ)
ВСТАВА́ТЬ/ВСТАТЬ
ЛОЖИ́ТЬСЯ/ЛЕЧЬ
СОБИРА́ТЬСЯ/СОБРА́ТЬСЯ НА РАБО́ТУ
ПРИНИМА́ТЬ/ПРИНЯ́ТЬ ДУШ, ВА́ННУ
ЧИ́СТИТЬ/ПОЧИ́СТИТЬ ЗУ́БЫ
БРИ́ТЬСЯ/ПОБРИ́ТЬСЯ
ВЫХОДИ́ТЬ/ВЫ́ЙТИ ИЗ ДО́МА (*когда? во сколько?*)
ТРА́ТИТЬ/ПОТРА́ТИТЬ НА ДОРО́ГУ (*сколько времени?*)
ОБЕ́ДЕННЫЙ ПЕРЕРЫ́В
ЗАХОДИ́ТЬ/ЗАЙТИ́ ПО́СЛЕ РАБО́ТЫ (*куда?*)
ВОЗВРАЩА́ТЬСЯ/ВОЗВРАТИ́ТЬСЯ ДОМО́Й
ИДТИ́, ХОДИ́ТЬ В ГО́СТИ, БЫТЬ В ГОСТЯ́Х
ПО ТЕЛЕВИ́ЗОРУ (РА́ДИО)

Задание 1. Прочитайте текст, обратите внимание на выражение времени. Придумайте предложения с конструкциями «неточного времени».

Поговорим о времени!

Всегда ли мы должны знать точное время? Ведь наша обычная жизнь не регламентирована так, как, например, работа железной дороги или космического корабля. Человек не может планировать всё с точностью до минуты. Да это и не нужно: это только сделает нашу жизнь более трудной и менее свободной. Если я прошу своего друга позвонить мне вечером после работы, то, конечно, я не говорю: «Позвони мне, пожалуйста, в 18.01». Я выбираю такую языковую форму, которая даст ему возможность сделать это в удобное для него время. Что же можно сказать в такой ситуации?

Русский язык очень богат, и поэтому мы всегда можем найти в нём нужные слова и фразы. В случае, о котором мы только что прочитали, русский человек скажет: «Позвони мне, пожалуйста, после шести». Это значит, что в шесть я уже приду с работы, весь вечер буду дома и могу поговорить по телефону в любое время.

Иногда мы говорим: «Уже седьмой час». Эта формула означает, что большая стрелка на наших часах перешла цифру 12. Но здесь есть специфика: седьмой час — это 18.05, 18.10, максимум 18.15. В 18.20 мы уже назовём точное время или скажем: «Почти полседьмого». Если мы слышим фразу: *Таня пришла около десяти*, мы понимаем, что на часах в это время было 21.45, 21.50, 21.55 или 22.05, 22.10. То же самое означает выражение *часов в десять*. *Я встаю в начале восьмого*. Как это понимать? Это значит, что в это время на моих часах 7.05, 7.10 или 7.15.

Все эти выражения очень активны в русском языке. Если вы запомните, что они значат, вы будете лучше понимать русских и более свободно говорить по-русски.

Задание 2. Напишите вместо точек нужный глагол (возможны варианты).

1. Спектакли в петербургских театрах .... в 19.00. 2. В университете .... работу научная конференция «Русский язык на рубеже тысячелетий». 3. Зимние каникулы .... 14 дней. 4. Как жаль, что .... лето. 5. Когда .... твой рабочий день? 6. Осенний семестр в университетах Петербурга .... 1 сентября и .... в середине декабря.

Задание 3. Закончите предложения.

1. Дай мне что-нибудь ....
2. Давай куда-нибудь ....
3. Я слышала, что Маша где-то ....
4. Сергей почему-то ....
5. В аудитории кто-то ....
6. Нам нужно где-нибудь ....

Внеклассное чтение

Алексей Дмитриевич Шмелев — доктор филологических наук, профессор Московского педагогического государственного университета.

МОЖНО ЛИ ПОНЯТЬ РУССКУЮ КУЛЬТУРУ ЧЕРЕЗ КЛЮЧЕВЫЕ СЛОВА РУССКОГО ЯЗЫКА?

Прежде чем ответить на этот вопрос, необходимо сказать, что речь здесь идёт не обо всей русской культуре, а о представлениях о мире людей, для которых русский язык является родным. Эти представления отражаются в языке, и поэтому, изучая тот или иной язык, человек одновременно формирует тот или иной взгляд на мир.

Иллюстрацией могут быть русские слова *утро, день, вечер, ночь*. На первый взгляд, все они имеют эквивалент в основных западных языках (например, для слова *утро* — английское слово morning, французское matin, немецкое Morgen и т.д.). Но на самом деле этой эквивалентности нет, так как в русском языке сутки делятся на периоды по другим принципам, чем в западных языках.

В западном представлении использование слов *утро, день, вечер* и *ночь* зависит от «объективного» времени. Большое значение поэтому приобретают понятия *полночь* и особенно *полдень*, которое отмечает самую важную часть суток – время для работы. Не случайно в западных языках есть специальное слово для названия второй половины рабочего дня (afternoon, apresmidi, Nachmittag и т.д.). В русском представлении понятия *утро, день, вечер* и *ночь* больше зависят от того, что человек делает в это время (в западном представлении скорее наоборот: посмотрев на часы, человек знает, что ему нужно делать). То есть если в западных языках *утро* — это время до 12 часов дня, то для русских *утро* — это время, когда человек встал и только готовится к своей дневной деятельности (умывается, одевается, завтракает).

Эти различия могут помешать взаимопониманию в процессах межкультурной коммуникации. Например, в западных языках можно говорить о двух часах и даже о часе утра (one, two in the morning; une heure, deux heures du matin). Это очень удивительно для русских, так как *утро* для них — это время, когда человек встаёт, а если человек не спит в час или два часа ночи, то это скорее значит, что он ещё не лёг.

Что же можно сказать о представлении о времени у русских? Мы говорим *день* о времени, когда люди работают, мы говорим *ночь* о времени, когда люди спят. Когда человек встаёт, наступает *утро*, в процессе которого человек готовится к дневной деятельности. Когда дневная деятельность заканчивается, наступает *вечер*, который длится, пока люди не ложатся спать. Это значит, что *утро* в русской традиции противопоставлено не «послеполудню», как в западной, а вечеру. Если мы обычно называем первую половину дня — *утро*, то вторая автоматически называется *вечер*. Именно поэтому о враче, который принимает больных в поликлинике, мы говорим, что иногда он работает *утром* (с 9.00 до 14.00), а иногда *вечером* (с 14.00 до 19.00). Это очень удивляет иностранцев, так как, с западной точки зрения, трудно назвать вечером время, которое наступает сразу после обеда.

Различия есть и в формулах речевого этикета. Русских удивляет, что человек западной культуры может сказать *Доброе утро!*, когда рабочий день уже давно начался и скоро обеденный перерыв. Для них эта формула нормальна только сразу после того, как они встали. Такой же странной кажется и фраза *Have a good night* при прощании после рабочего дня: *ночь* начинается для русских только тогда, когда человек лёг в кровать.

Анализ таких различий не только поможет объяснить, почему русские обращаются со временем более свободно, чем жители Западной Европы, но также может стать основой взаимопонимания людей разных культур.

(по А.Д. Шмелеву)

5

ГОРОД

Задание 1.

Расскажите, что вы знаете о Петербурге. Кто и когда основал этот город? Как он назывался раньше? Сколько жителей в Петербурге? Какие достопримечательности вы знаете? Почему Петербург называют Северной Венецией? Какие известные люди жили в Петербурге? Как вы понимаете выражение *Петербург — культурная столица России*?

Летний сад — **самый старый** парк города.
Город дождей и туманов.
Как называется этот парк?
Петербург — **один из крупнейших** научных центров России.
Я пришёл в Русский музей, **чтобы посмотреть** старинные иконы.
Я хочу, **чтобы ты** тоже **поехал** в Петербург.

Прочитайте текст.

О Петербурге

Иван Петрович осматривает Барселону, а Ирена с группой туристов приехала в Санкт-Петербург. Они остановились в гостинице «Астория», которая находится на Исаакиевской площади. Завтра у них первая экскурсия, и Ирена решила немного рассказать о Петербурге, **чтобы познакомить** свою группу с городом. Вот её рассказ.

— Петербург — Петроград — Ленинград — и снова Петербург — эти названия города много говорят о его истории. Он был основан в 1703 году. Пётр I решил построить новую столицу на берегу Балтийского моря, **чтобы «в Европу прорубить** окно», как сказал А.С. Пушкин. Петербург быстро рос, развивался и стал одним **из крупных** промышленных, торговых, научных и культурных центров России.

Петербург расположен на **берегах Невы и Финского залива**, на сорока двух островах. В городе шестьдесят пять рек и каналов и более трёхсот мостов. Как приятно гулять по **набережным Невы, Фонтанки и Мойки** в белые ночи! Вы когда-нибудь слышали о белых ночах? Это особенность Петербурга. С 11 июня по 2 июля ночью в городе почти так же светло, как днём.

Города как люди. У каждого своя судьба, свой характер, своё лицо. О жизни и **истории города** рассказывают его достопримечательности. Во всём мире известны Эрмитаж и Русский музей, Петропавловская крепость и Исаакиевский собор, **музеи Пушкина и Достоевского**... Главная **улица** Петербурга **называется** Невский проспект, это центр жизни города. На Невском проспекте находятся музеи, театры и концертные залы, кинотеатры и библиотеки, универмаги, кафе и рестораны. Он начинается от Адмиралтейства и кончается около Александро-Невской лавры. На нём всегда шумно и многолюдно.

Кстати, когда вы будете бродить по городу, не забудьте взять с собой зонт. Петербург — это **город дождей и туманов**. Климат здесь влажный, морской. В любую минуту может пойти дождь и подуть холодный ветер.

Петербуржцы любят гулять в Летнем саду — **самом старом** парке города. Это был **самый первый и самый красивый** парк столицы. Здесь среди деревьев, которые помнят Петра I, стоят **статуи итальянских мастеров** начала 18 века.

Все туристы обязательно посещают знаменитые пригороды. **Я тоже хочу, чтобы вы посмотрели** Пушкин и Павловск, где находятся **самые красивые** дворцы и парки, Петродворец с его фонтанами и тенистыми аллеями.

Петербург — **один из главных героев русской литературы.** О нём писали Пушкин, Блок, Гоголь, Достоевский и многие другие **художники слова**. Нельзя не вспомнить известные пушкинские строки:

Люблю тебя, Петра творенье,
Люблю твой строгий, стройный вид,
Невы державное теченье,

Берегово́й её грани́т,
Твои́х огра́д узо́р чугу́нный,
Твои́х заду́мчивых ноче́й
Прозра́чный су́мрак, блеск безлу́нный,
Когда́ я в ко́мнате мое́й
Пишу́, чита́ю без лампа́ды,
И я́сны спя́щие грома́ды
Пусты́нных у́лиц, и светла́
Адмиралте́йская игла́.

Отве́тьте на вопро́сы:

1. Когда́ и кем был осно́ван Петербу́рг?
2. Где Пётр I постро́ил но́вую столи́цу?
3. Почему́ царь вы́брал э́то ме́сто?
4. Что тако́е *бе́лые но́чи*?
5. Ско́лько вре́мени они́ продолжа́ются?
6. Что вы узна́ли о Не́вском проспе́кте?
7. Как называ́ется старе́йший парк го́рода?
8. Каки́е при́городы вам изве́стны?

Кто? Что?	*Кого́? Чего́?*
стол — столы́	столо́в
музе́й — музе́и	музе́ев
брат — бра́тья	бра́тьев
врач — врачи́	враче́й
слова́рь — словари́	словаре́й
друг — друзья́	друзе́й
окно́ — о́кна	о́кон
письмо́ — пи́сьма	пи́сем
мо́ре — моря́	море́й
зда́ние — зда́ния	зда́ний
ко́мната — ко́мнаты	ко́мнат
библиоте́ка — библиоте́ки	библиоте́к
су́мка — су́мки	су́мок
ру́чка — ру́чки	ру́чек
тетра́дь — тетра́ди	тетра́дей
аудито́рия — аудито́рии	аудито́рий

Какие?	Каких?
но́вые широ́кие проспе́кты совреме́нные высо́кие зда́ния стари́нные у́зкие у́лицы	но́вых широ́ких проспе́ктов совреме́нных высо́ких зда́ний стари́нных у́зких у́лиц

Упражнение 1. Ответьте на вопросы, используя слова, данные справа.

1. На како́й вы́ставке вы бы́ли вчера́?	совреме́нные францу́зские худо́жники
2. Каку́ю му́зыку вы лю́бите?	неме́цкие компози́торы
3. Каки́е рома́ны вы чита́ете?	ру́сские писа́тели
4. Чья э́то фотогра́фия?	мои́ роди́тели
5. Отку́да вы привезли́ э́ти сувени́ры?	ра́зные стра́ны
6. Каки́е докла́ды вы слу́шали на конфере́нции?	молоды́е учёные
7. У кого́ вы бы́ли вчера́ в гостя́х?	ста́рые друзья́

Упражнение 2. Раскройте скобки.

1. В на́шем го́роде мно́го (истори́ческие па́мятники). 2. В э́том те́ксте нет (незнако́мые слова́). 3. Ско́лько (иностра́нные языки́) вы зна́ете? 4. В ва́шем те́сте ма́ло (граммати́ческие оши́бки). 5. В на́шей библиоте́ке мно́го (интере́сные кни́ги). 6. Э́то дом (мои́ хоро́шие друзья́). 7. На на́шей у́лице не́сколько (стари́нные зда́ния). 8. Петербу́рг — го́род (бе́лые но́чи). 9. В Петербу́рге пять (железнодоро́жные вокза́лы). 10. В го́роде 68 (больши́е и ма́ленькие ре́ки). 11. Сре́дняя температу́ра ию́ня 17 (гра́дусы), а января́ —7 (гра́дусы). 12. У́лицы и пло́щади го́рода со́зданы по прое́ктам (вели́кие архите́кторы). 13. Моско́вский проспе́кт — оди́н из (са́мые дли́нные проспе́кты) ми́ра.

> Эрмита́ж — оди́н из са́мых изве́стных музе́ев ми́ра.
> Во́лга — одна́ из са́мых больши́х рек Росси́и.
> Байка́л — одно́ из са́мых краси́вых озёр Сиби́ри.

Упражнение 3. Измените словосочетания по модели.

Модель: са́мый краси́вый проспе́кт — оди́н из са́мых краси́вых проспе́ктов

Са́мая интере́сная вы́ставка; са́мое высо́кое зда́ние; са́мый ста́рый университе́т; са́мые серьёзные пробле́мы; са́мый бли́зкий магази́н; са́мый у́мный челове́к; са́мый вку́сный торт; са́мая дли́нная доро́га; са́мое тру́дное упражне́ние.

> Как зовут вашего отца?
> Как называется этот остров?

Упражнение 4. Вместо точек вставьте глагол *звать* или *называться*. Ответьте на эти вопросы.

1. Как .... вашу маму?
2. Как .... главная улица вашего города?
3. Как .... президента России?
4. Как .... Пушкина?
5. Как .... река в Петербурге? А в Москве?
6. Как .... самый большой музей Петербурга?
7. Как .... вашу собаку?
8. Как .... аэропорт в Петербурге?

> ЗА ЧЕМ Марина идёт в аптеку?
> *Она* идёт в аптеку ЗА АСПИРИНОМ.
>
> ЗАЧЕМ студенты приехали в Петербург?
> *Они* приехали в Петербург, ЧТОБЫ ИЗУЧАТЬ русский язык.
>
> ЗАЧЕМ Лена ходила к Виктору?
> *Лена* ходила к Виктору, ЧТОБЫ *он* ПОМОГ ей перевести текст.

Упражнение 5. Выполните упражнение по модели:

Модель: Вера идёт в магазин, чтобы купить хлеб.
— Вера идёт в магазин за хлебом.

1. Сергей ходил в библиотеку, чтобы взять словарь.
2. Мы идём в Гостиный Двор, чтобы купить сувениры.
3. Бабушка ходила в магазин, чтобы купить рыбу.
4. Вчера ко мне приходил Том, чтобы взять учебник.
5. Инна ездила в консульство, чтобы получить визу.
6. Начался дождь, и я вернулся домой, чтобы взять зонт.
7. Мне нужно в аптеку, чтобы купить витамины.
8. Я иду в театральную кассу, чтобы купить билеты на новый спектакль.

Упражнение 6. Закончите предложения, используя конструкции с союзом *чтобы*.

1. Ире́на позвони́ла Ива́ну Петро́вичу, что́бы...
   Ире́на позвони́ла Ива́ну Петро́вичу, что́бы он...

2. Том пришёл к Рамо́ну, что́бы...
   Том пришёл к Рамо́ну, что́бы он...

3. Светла́на ходи́ла к подру́ге, что́бы...
   Светла́на ходи́ла к подру́ге, что́бы она́...

4. Я купи́л откры́тки, что́бы...
   Я купи́л откры́тки, что́бы друзья́...

5. Лари́са откры́ла дверь, что́бы...
   Лари́са откры́ла дверь, что́бы ко́шка...

6. Си́рпа изуча́ет ру́сский язы́к, что́бы...
   Си́рпа мечта́ет, что́бы её дочь...

7. Мой друг е́здил в А́фрику, что́бы...
   Мой друг е́здил к отцу́, что́бы он...

Готовимся к разговору

Задание 1. Вы прослушали рассказ Ирены о Петербурге. Задайте ей дополнительные вопросы.

Задание 2. Как вы думаете, что можно посмотреть и о чём можно узнать в следующих музеях:

Музе́й полити́ческой исто́рии, Вое́нно-морско́й музе́й, Зоологи́ческий музе́й, музе́й-кварти́ра Ф.М. Достое́вского, Музе́й исто́рии Петербу́рга, Музе́й железнодоро́жного тра́нспорта.

Задание 3. Задайте друг другу вопросы: *Где нахо́дится...? Где располо́жен...? Как называ́ется...?* И ответьте, пользуясь картой города.

러시아어 회화 2 | **Урок 5 (пять)**

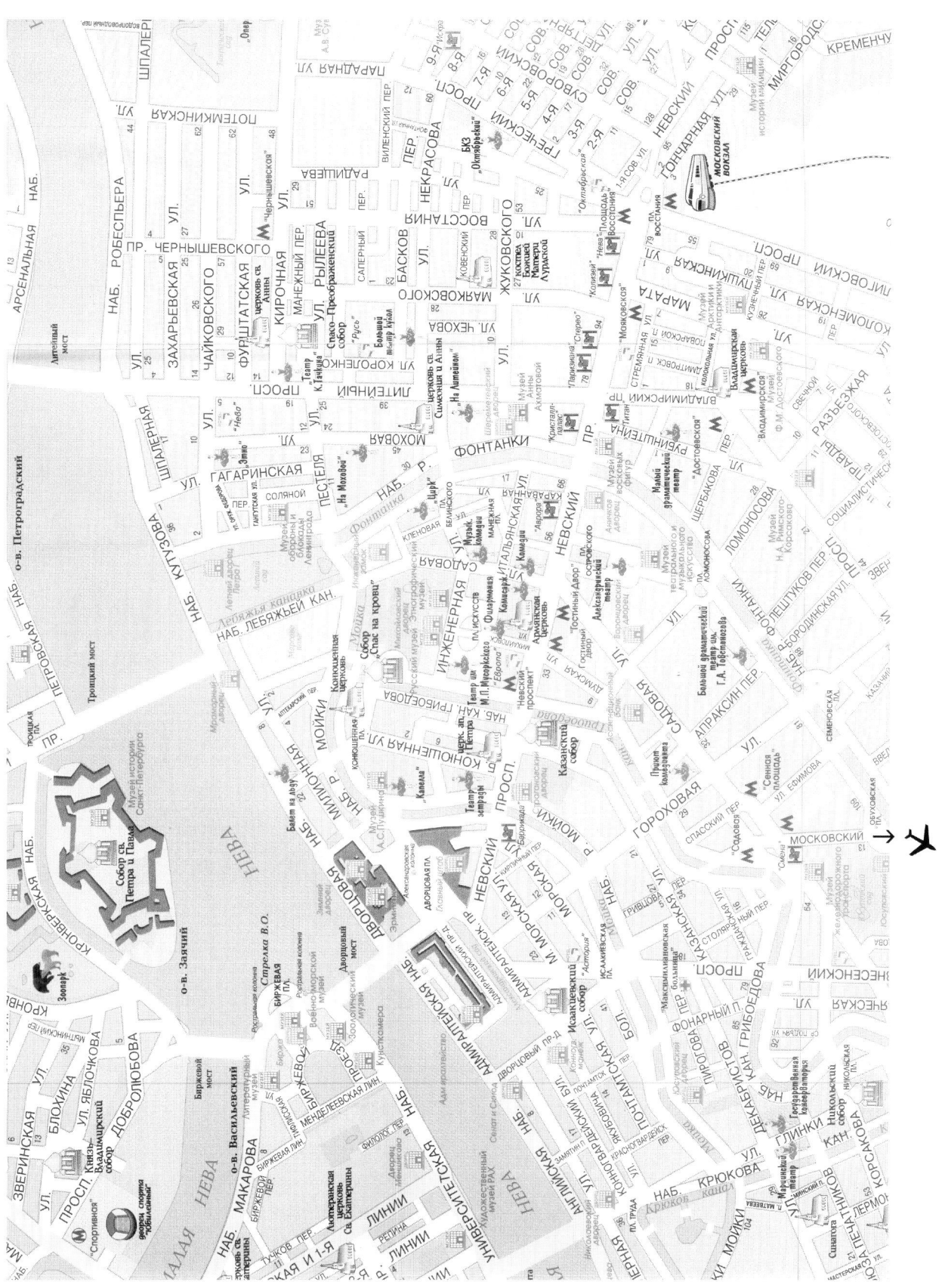

Задание 4. Составьте диалоги на основе предложенных ситуаций.

1. Ваш друг сказал, что скоро состоится автобусная экскурсия по литературным местам Петербурга. Расспросите его, что можно увидеть на такой экскурсии.

2. Вы хотите пойти в Русский музей. Позвоните туда, узнайте часы работы и выходные дни.

3. К вам собирается приехать в гости ваш друг. Расскажите, что вы ему покажете в вашем родном городе и почему.

4. Вы приехали в Петербург на два дня. Обсудите с вашими русскими друзьями, куда можно успеть сходить за это время.

5. Вы заблудились в незнакомом городе. Узнайте у прохожего, как вам добраться до нужного места.

Задание 5. Объясните, как вы понимаете следующие выражения: *коренной житель, рукой подать, на каждом шагу*. Придумайте ситуации, в которых их можно употребить.

Задание 6. Прочитайте диалоги про себя, обратите внимание на выделенные слова и словосочетания, типичные для русской разговорной речи. Прослушайте их в записи. Прочитайте их еще раз вслух. Скажите, можно ли назвать какой-нибудь город в вашей стране литературным или музыкальным? Какие города в вашей стране можно назвать древними?

Диалог 1

— О! Кого́ я ви́жу! Джон! А что ты де́лаешь в Петербу́рге? Дэ́вид мне говори́л, что ты собира́ешься в Москву́.

— **Да нет**, я всегда́ собира́лся в Петербу́рг. Хочу́ побыва́ть во всех литерату́рных места́х, почу́вствовать атмосфе́ру э́того са́мого литерату́рного го́рода Росси́и.

— А что э́то зна́чит — «Литерату́рный го́род»?

— Я так сказа́л, потому́ что счита́ю, что в Петербу́рге и жи́ли, и рабо́тали са́мые тала́нтливые и знамени́тые ру́сские писа́тели. Наприме́р, Пу́шкина невозмо́жно предста́вить себе́ без Петербу́рга, а Петербу́рг без Пу́шкина. Пу́шкинский Петербу́рг — си́мвол но́вой Росси́и, её го́рдость. У Го́голя и Достое́вского совсе́м друго́й Петербу́рг, э́то го́род контра́стов,

город богатых и бедных, где очень трудно жить «маленькому человеку». А какой таинственный и мистический Петербург Блока с его «прекрасными дамами»! Но у всех этих писателей есть и общее: город для них стал не только местом действия их произведений и темой творчества, но и литературным героем.

— А какие ещё известные писатели жили и работали в Петербурге?

— В Петербурге жили М. Горький и В. Маяковский, С. Есенин и А. Толстой, М. Зощенко и А. Ахматова*. Да обо всех невозможно даже и рассказать, ведь Петербург — один из крупных литературных центров России. Если у тебя есть время, лучше увидеть всё это своими глазами. Я могу тебе многое показать и рассказать о русской литературе.

— Если это приглашение, я буду очень рад посмотреть всё это вместе с тобой! Спасибо.

Диалог 2

— Ну, вот мы и посмотрели Петербург! Куда же дальше? Давайте решим, в какой город мы поедем завтра.

— Конечно, в Москву, столицу России. Это очень древний город. В нём много исторических памятников и современных архитектурных ансамблей. Я так много читал о Москве. Да и вообще это очень интересно — познакомиться с жизнью современного политического центра страны.

— А мне кажется, лучше поехать в Новгород. Я имею в виду Великий Новгород. Во-первых, это один из самых древних городов России. Когда-то он был центром феодального государства, имел свою архитектурную традицию, школу иконописи, свои летописи. Кроме того, это намного ближе, чем Москва.

— Но Москва — это сердце России. Мой друг недавно там был. Он в восторге от Москвы.

— А я слышал, что Москва очень шумный и дорогой город. Думаю, что тихий зелёный город в российской провинции — это тоже интересно. Когда ещё ты побываешь там?

---
* Если вы не знаете, как полностью зовут человека, о котором идёт речь, читайте только фамилию.

Задание 7. Посмотрите на рисунок. Назовите действующих лиц этой истории. Как вы поняли, что произошло с их героями? Задайте друг другу вопросы по каждому рисунку. Расскажите (напишите) на основе рисунка всю историю. Расскажите (напишите) эту историю от лица одного из героев, скажите, как вы поступили бы на его месте. Придумайте название этой истории.

Давайте поговорим!

1. О Петербурге часто говорят, что это город-музей. Как вы думаете, почему?

2. Расскажите о крупнейших городах вашей страны, какие из них можно назвать научным, культурным, промышленным, политическим центром и почему?

3. На какой европейский город, с вашей точки зрения, похож Петербург и чем?

4. Назовите города вашей страны, в которых жили известные люди.

5. С какими проблемами сталкивается житель большого города?

러시아어 회화 2 | **Урок 5 (пять)**

Повторение — мать учения

Слова и словосочетания, которые помогут вам поговорить о городе, о его исторических и культурных памятниках

ГО́РОД (БЫЛ) ОСНО́ВАН (*когда? где? кем?*)
ГО́РОД РАСПОЛО́ЖЕН, НАХО́ДИТСЯ (*где?*)
ГО́РОД (ДРЕ́ВНИЙ, СТАРИ́ННЫЙ, МОЛОДО́Й, СОВРЕМЕ́ННЫЙ)
ГО́РОД (ШУ́МНЫЙ, ТИ́ХИЙ, ПРОВИНЦИА́ЛЬНЫЙ)
СТОЛИ́ЦА
ГО́РОД РАСТЁТ, РАЗВИВА́ЕТСЯ
ЦЕНТР (НАУ́ЧНЫЙ, КУЛЬТУ́РНЫЙ, ТОРГО́ВЫЙ, ПОЛИТИ́ЧЕСКИЙ)
У́ЛИЦА, ПЛО́ЩАДЬ, ПРОСПЕ́КТ, НА́БЕРЕЖНАЯ
ГЛА́ВНАЯ У́ЛИЦА (ПЛО́ЩАДЬ) ГО́РОДА
ДОСТОПРИМЕЧА́ТЕЛЬНОСТИ ГО́РОДА
ПА́МЯТНИК (*кому?*), ИСТОРИ́ЧЕСКИЙ ПА́МЯТНИК
СОБО́Р, ЦЕ́РКОВЬ
ЗДА́НИЕ (СТАРИ́ННОЕ, СОВРЕМЕ́ННОЕ)
АРХИТЕКТУ́РНЫЙ АНСА́МБЛЬ
ГУЛЯ́ТЬ (БРОДИ́ТЬ) ПО ГО́РОДУ
ПОСЕЩА́ТЬ/ПОСЕТИ́ТЬ (*что?*)
КЛИ́МАТ ХОЛО́ДНЫЙ (ТЁПЛЫЙ), ВЛА́ЖНЫЙ (СУХО́Й), МОРСКО́Й
У́ЛИЦА НАЗЫВА́ЕТСЯ…
ОДИ́Н ИЗ ИЗВЕ́СТНЫХ ЦЕ́НТРОВ

Используя слова, словосочетания и грамматический материал темы, выполните следующие задания.

Задание 1. **Объясните, как вы понимаете выражения:** *культу́рная жизнь го́рода, в го́роде есть куда́ пойти́, ме́сто о́тдыха горожа́н, жили́щное строи́тельство, торго́вый центр, тра́нспортные пробле́мы, го́род с миллио́нным населе́нием, мегапо́лис.*

Задание 2. **Подберите максимум определений к следующим словам:** *зда́ние, пло́щадь, парк, музе́й, при́город, архитекту́ра.*

Задание 3. Как сказать по-другому? Используйте слова и словосочетания, данные на стр. 79.

1. Го́род постро́или в XVIII ве́ке.
2. Го́род нахо́дится на берегу́ мо́ря.
3. В го́роде мно́го музе́ев, теа́тров, па́мятников архитекту́ры и культу́ры.
4. Центра́льная у́лица называ́ется Не́вский проспе́кт.
5. В го́роде мно́го зда́ний, кото́рые постро́или бо́лее 100 лет наза́д.
6. В го́роде ча́сто быва́ет хо́лодно и идёт дождь.
7. В XVIII и XIX века́х наш го́род был гла́вным го́родом Росси́и.
8. Сейча́с в го́роде живёт почти́ 5 миллио́нов челове́к, в нём о́чень мно́го но́вых домо́в, у́лиц и проспе́ктов, эффекти́вная систе́ма тра́нспорта.
9. Я роди́лся в го́роде, кото́рый нахо́дится о́чень далеко́ от Москвы́.
10. В на́шем го́роде на у́лицах о́чень ма́ло люде́й и маши́н.

Решётка Летнего сада

Банковский мост

Внеклассное чтение

Василий Макарович Шукшин (1929–1974) — советский писатель, актёр, режиссёр. В его произведениях описывается реальная повседневная жизнь. Писателя интересует «маленький человек», в котором он умеет увидеть главное: трудолюбие, любознательность, отзывчивость и духовную чистоту. Всё, что окружало Шукшина, все люди и факты становятся для него предметом искусства. Он представляет литературную традицию, в которой жизнь гораздо выше самого искусства.

ПОСТСКРИПТУМ

Это письмо я нашёл в номере гостиницы, в ящике стола. Я решил, что это письмо можно опубликовать, если изменить имена. Оно показалось мне интересным.

Вот оно:

«Здравствуй, Катя! Здравствуйте, детки: Коля и Любочка! Вот мы и приехали. Город просто поразительный по красоте. Да, Пётр Первый знал, конечно, своё дело. Мы его видели — по известной тебе открытке: на коне и со змеёй.

Нас сначала хотели поместить в одну гостиницу, но туда приехали иностранцы, и нас повезли в другую. Гостиница просто шикарная! Я живу в люксе на одного, номер 4009 (4 — это значит четвёртый этаж, 9 — это номер, а два нуля — я так и не выяснил). Меня удивило здесь окно. Прямо как входишь — окно во всю стену. Около окна — такая шишечка. И вот ты подходишь, поворачиваешь шишечку влево, и в комнате полумрак. Поворачиваешь вправо — опять светло. Это жалюзи. Если бы такие продавали, я бы сделал у себя дома. Я похожу поспрашиваю по магазинам. А если нет, то попробую сделать сам. Принцип работы этого окна я понял. И кровать такую я сделаю. Поразительная кровать. Мы с Иваном Девятовым нарисовали чертёж — её легко сделать.

На шестом этаже находится буфет, но всё дорого. Поэтому мы с Иваном берём в магазине колбасы и завтракаем и ужинаем у себя в люксе. Дежурная по коридору говорит, что это не запрещается, но только чтобы после себя ничего не оставляли. А сначала против была — надо, говорит, в буфет ходить. Мы с Иваном объяснили ей, что за эти деньги мы лучше подарки домой привезём. Опишу также туалет. Туалет просто поразительный. И ванная. У нас тут одна из Краматорского района сначала боялась лить много воды, когда мылась в ванной, но потом ей объяснили, что это входит в стоимость номера. Я моюсь теперь каждый день. Вымоешься, закроешь жалюзи, ляжешь на кровать и думаешь: вот так бы всё время жить, можно было бы сто лет прожить, и ни одна болезнь тебя бы не коснулась, потому что всё продумано. Вот сейчас, когда я пишу это письмо, за окном прошли моряки. Вообще движение колоссальное.

Но что здесь поражает — это вестибюль. У меня тут был один неприятный случай. Подошёл я к сувенирам. Лежит огромная зажигалка. Цена — 14 рублей. Ну, думаю, дорого, но куплю! Как память о нашем путешествии. Дайте, говорю, посмотреть. А стоит девчушка молодая... И вот она перед иностранцами — и так, и этак. Она и улыбается, и показывает им всё, и в глаза им заглядывает. Просто смотреть стыдно! Я говорю: дайте зажигалку посмотреть. Она: вы же видите, я занята. Да с такой злостью, и улыбка пропала. Ну, я стою. А она опять к иностранцам, и опять на глазах меняется человек. Я и говорю ей: чего же ты так? Прямо на колени встать готова. Ну, меня позвали в сторону, посмотрели документы... Нельзя, говорят, так. Мы всё понимаем, но надо вежливость проявлять. Какая уж тут вежливость. Я тоже их уважаю, но у меня своя гордость есть, и мне за неё стыдно. Я здесь не выпиваю, иногда только с Иваном пива выпьем, и все. Мы же понимаем, что на нас тоже смотрят. Дураков не повезут за пять тысяч километров знакомить с памятниками архитектуры и отдохнуть.

Вообще время проводим очень хорошо, только погода не очень хорошая. В следующем письме опишу наше посещение драмтеатра. Колоссально! Показывали одну пьесу... Ох, одна артистка там...! Голосок у неё тонкий, она плачет, а смех... Со мной сидел один, говорит: пошлость и манерность. А мы с Иваном до слёз хохотали, хотя история грустная. Ты не подумай там чего-нибудь — это же искусство. Это я про артистку... Ещё мне понравился один артист, который, говорят, живёт в этом городе. Ты его тоже, может быть, видела в кино: говорит быстро-быстро, немного на бабу похож — голосом и манерами. Ну, до свидания! Остаюсь жив-здоров.

Михаил Дёмин.

Постскриптум: вышли немного денег, рублей сорок — мы с Иваном проелись немного. Иван тоже попросил у своей шестьдесят рублей. Потом наверстаем. Всё».

Вот такое письмо. Повторяю, имена я изменил.

(по В.М. Шукшину)

6

В МАГАЗИНЕ

Задание 1.

Любите ли вы ходить по магазинам? В каких магазинах города вы уже были? Как называются самые крупные из них? Где находится центральный книжный магазин и как он называется? Когда открываются и когда закрываются наши магазины? Что такое обеденный перерыв? Как вы думаете, что значит: *это мне не по карману?*

Сколько стоит эта матрёшка?
Эта матрёшка стоит **124 рубля**.
Я **иду в универмаг**.
Я **ходил в супермаркет**.
Он **ходит по магазинам**.
Я **всегда хожу в Гостиный Двор**.
Картины продают в отделе «Искусство».
Вам нужно заплатить в кассу.
Я хотел бы купить сувениры.
Возьмите чек и сдачу.
Где продают фотоплёнку?
В каком отделе можно купить часы?
Новый магазин откроют через месяц.

83

Прочитайте текст. Обратите внимание на выделенные конструкции.

В МАГАЗИ́НЕ

— Иреѓна, вчера́ мы весь день **ходи́ли по го́роду**, но не купи́ли то, что хоте́ли. Не могла́ бы ты рассказа́ть нам, где и что мо́жно купи́ть.

— Сейча́с я вам всё расскажу́. В це́нтре мно́го магази́нов, но я сове́тую вам пойти́ в Гости́ный Двор, я **всегда́ хожу́** туда́, когда́ быва́ю в Петербу́рге. Это са́мый ста́рый универма́г го́рода, кото́рый нахо́дится на Не́вском проспе́кте. В нём мно́го ра́зных отде́лов. Если вы хоти́те купи́ть ту́фли, вам ну́жен отде́л «Óбувь», **в отде́ле** «Парфюме́рия» **продаю́т духи́**, мы́ло, шампу́ни, в отде́ле «Канцеля́рские това́ры» мо́жно купи́ть ру́чки, карандаши́, тетра́ди.

В э́том магази́не есть отде́лы «Оде́жда», «Фототова́ры», «Тка́ни», «Посу́да», «Музыка́льные инструме́нты», «Спортова́ры», «Бытова́я те́хника», «Сувени́ры», в кото́рых вы мо́жете купи́ть всё, что вам на́до.

— А в како́м отде́ле **мо́жно купи́ть** зонт?

— **Зонты́ продаю́т** в отде́ле «Галантере́я». Там же мо́жно купи́ть перча́тки, кошелёк, су́мку.

Если вам что́-то понра́вилось и вы реши́ли это купи́ть, вы должны́ **заплати́ть** де́ньги **в ка́ссу, взять чек и сда́чу**. Этот чек вы даёте продавцу́ и получа́ете свою́ поку́пку.

— А кни́жный отде́л в Гости́ном Дворе́ есть?

— Нет. Кни́ги продаю́тся в специа́льных кни́жных магази́нах. Са́мый кру́пный из них — Дом кни́ги. Там есть нау́чная и худо́жественная литерату́ра, кни́ги по иску́сству, уче́бники, альбо́мы с репроду́кциями карти́н изве́стных худо́жников, де́тская литерату́ра. Кста́ти, вчера́ я купи́ла там прекра́сную кни́гу об Эрмита́же.

— Зна́чит, там я могу́ купи́ть а́нгло-ру́сский слова́рь?

— Коне́чно. И ру́сско-англи́йский, и испа́нско-ру́сский, и ру́сско-кита́йский, и како́й хо́чешь. В э́том магази́не мо́жно та́кже найти́ кни́ги почти́ на всех языка́х ми́ра.

— А **я бы хоте́л купи́ть** каку́ю-нибудь карти́ну. Меня́ интересу́ет совреме́нная ру́сская жи́вопись.

— **Купи́ть** карти́ну **мо́жно** в худо́жественных сало́нах. Там **продаю́т** а́вторские **рабо́ты** не то́лько худо́жников, но и ску́льпторов, ювели́ров. Иногда́ карти́ны продаю́т са́ми худо́жники пря́мо на у́лицах. Они́ да́же мо́гут нарисова́ть ваш портре́т. Да, обяза́тельно зайди́те в отде́л сувени́ров, что́бы вы́брать пода́рки друзья́м.

Отве́тьте на вопро́сы:

1. В како́й магази́н сове́тует пойти́ тури́стам Иреѓна? 2. Каки́е отде́лы там есть? 3. Что продаётся в отде́лах «Óбувь», «Парфюме́рия», «Канцеля́рские това́ры», «Галантере́я»? 4. Мо́жно ли в Гости́ном Дворе́ купи́ть кни́гу? А где мо́жно это сде́лать? 5. Где продаю́тся карти́ны?

> **Это вы помните!**
>
> Оди́н рубль, до́ллар — одна́ песе́та, ма́рка, копе́йка
>
> Два, три, четы́ре рубля́, до́ллара — две, три, четы́ре песе́ты, ма́рки, копе́йки
>
> Пять, ... (ско́лько, мно́го, ма́ло, не́сколько) рубле́й, до́лларов, песе́т, ма́рок, копе́ек
>
> **Но!**
>
> Оди́н е́вро
> Два, три, четы́ре, пять... сто е́вро.

Упражне́ние 1. Отве́тьте на вопро́сы. Испо́льзуйте слова́, да́нные в ско́бках.

1. Ско́лько сто́ит э́тот шарф? (125 руб.) 2. Ско́лько сто́ят ту́фли? (1231 руб.). 3. Ско́лько сто́ит альбо́м «Эрмита́ж»? (583 руб.) 4. Ско́лько сто́ит телеви́зор? (5678 руб.). 5. Ско́лько сто́ит э́тот серви́з? (1832 руб.) 6. Ско́лько сто́ит ру́чка? (4 руб.) 7. Ско́лько сто́ит плато́к? (281 руб.) 8. Ско́лько сто́ят э́ти цветы́? (56 руб.).

Оди́н журна́л, слова́рь — одна́ кни́га, ру́чка.
Два, три, четы́ре журна́ла, словаря́ — две, три, четы́ре кни́ги, ру́чки.
Пять... журна́лов, словаре́й — пять... книг, ру́чек.
Мно́го, ма́ло, ско́лько.

Упражне́ние 2. Раскро́йте ско́бки.

1. Ле́том в Петербу́рге мно́го (тури́ст).
2. В на́шей кварти́ре четы́ре (ко́мната).
3. У меня́ два (брат).
4. О́тпуск бу́дет че́рез две (неде́ля).
5. В э́той кни́ге 143 (страни́ца).
6. В э́том ме́сяце 31 (день).
7. В на́шем го́роде мно́го (сад и парк).
8. В на́шей библиоте́ке 1257 (кни́га).
9. Сего́дня у меня́ бу́дет мно́го (гость) .
10. В Петербу́рге пять (вокза́л).
11. Он купи́л не́сколько (газе́та и журна́л).

Упражнение 3. Посмотрите на рисунки и скажите, сколько стоят эти вещи в вашей стране.

ту́фли
сапоги́
боти́нки
та́почки
костю́м
пла́тье
ю́бка
пиджа́к
брю́ки
джи́нсы
сви́тер
руба́шка
блу́зка
носки́
колго́тки
пальто́
ку́ртка
ша́пка
бере́т
га́лстук
хала́т
шу́ба

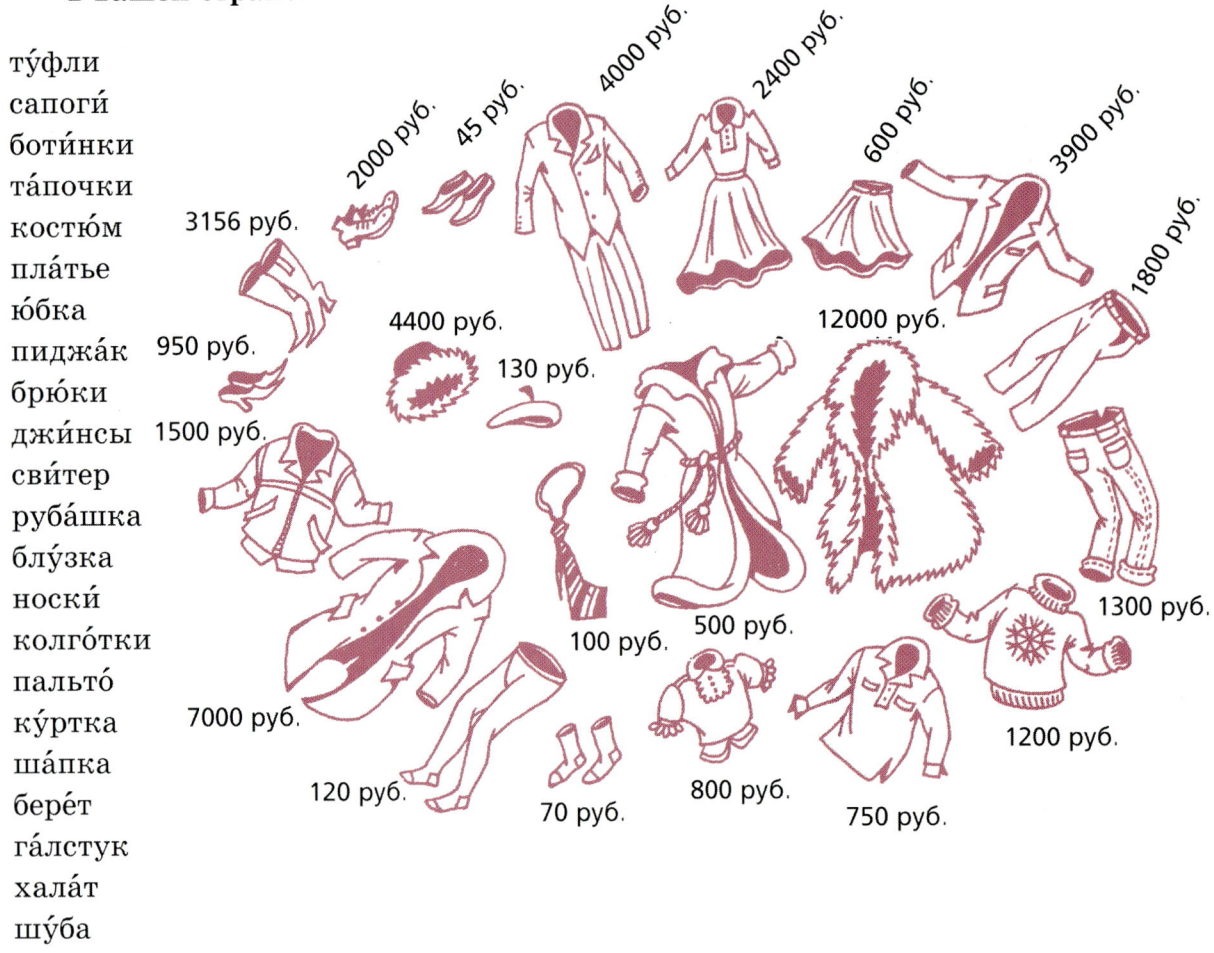

Упражнение 4. Переведите на родной язык, а потом опять на русский язык.

1. Фру́кты и о́вощи продаю́т на ры́нке.

....

2. Говоря́т, что ле́то бу́дет холо́дное.

....

3. Но́вый спорти́вный ко́мплекс открыва́ют в январе́.

....

4. По ра́дио передава́ли Пе́рвый конце́рт Чайко́вского.

....

5. Рождество́ в Росси́и отмеча́ют седьмо́го января́.

....

6. Меня́ ча́сто спра́шивают, где я изуча́л ру́сский язы́к.

....

7. Э́тот теа́тр постро́или два го́да наза́д.

....

Урок 6 (шесть)

Посмотрите на рисунки.

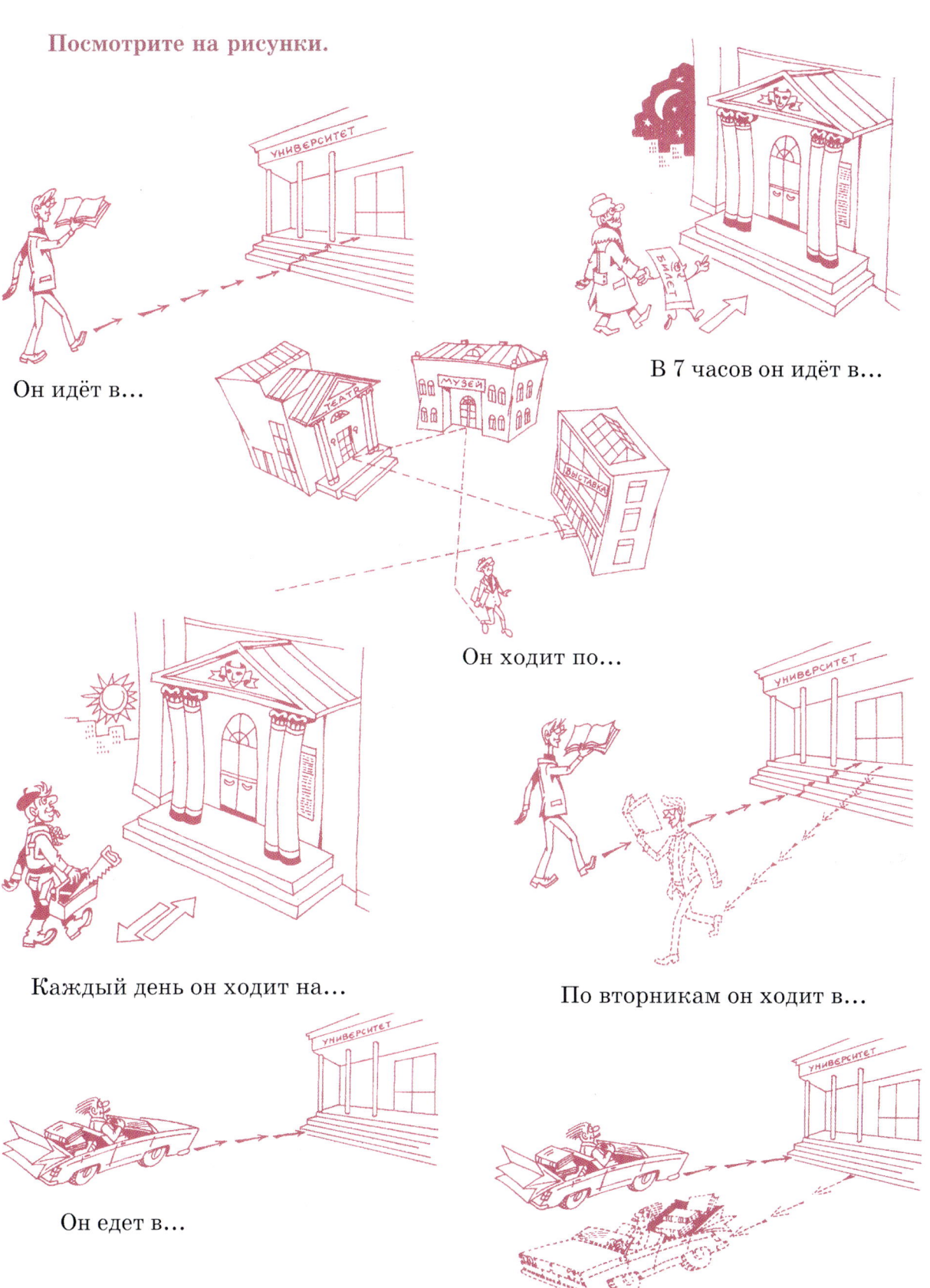

Он идёт в…

В 7 часов он идёт в…

Он ходит по…

Каждый день он ходит на…

По вторникам он ходит в…

Он едет в…

Он всегда ездит в…

> **Это вы помните!**
> Ехать, ездить **НА** машине,
> метро,
> автобусе,
> электричке

Упражнение 5. Вместо точек поставьте нужный глагол.

1. Девушка ... к остановке автобуса. 2. Мы ... по выставке уже 2 часа. 3. Вчера целый день мы ... по парку. 4. По утрам я ... в бассейн. 5. Иван Петрович ... в Барселону. 6. Машина ... в гараж. 7. Туристы ... по древним русским городам. 8. Каждую субботу мы ... на дачу. 9. Вчера студенты ... в театр. 10. Я люблю ... пешком.

Упражнение 6. Ответьте на вопросы, используя глаголы *идти* или *ходить*, *ехать* или *ездить*.

1. Вы смотрите достопримечательности в незнакомом городе. Вы ходите или идёте по городу?
2. Машина спускается с горы. Она едет или ездит вниз?
3. Вы увидели друга и хотите сказать ему что-то важное. Вы идёте или ходите ему навстречу?
4. Дети спешат в школу. Они идут или ходят в школу?
5. Вы ждёте около метро подругу, она опаздывает. Вы ходите или идете около метро?
6. Вы смотрите в Русском музее картины. Вы идёте или ходите по музею?
7. Вам надо купить продукты. Вы идёте или ходите в магазин?
8. Ваш друг собирается в отпуск. Ему надо купить много разных вещей. Он идёт в магазины или он ходит по магазинам?

> Я иду к другу (от друга).
> Я еду к другу (от друга).
>
> Я ходил к друзьям.   = Я был у друзей.
> Я ездил к друзьям.
>
> | *У кого?* | *К кому?* | *От кого?* |
> |---|---|---|
> | У друга | К другу | От друга |
> | У нас | К нам | От нас |

Упражнение 7. Ответьте на вопросы, употребив в ответах данные ниже слова.

Где он был? Куда́ он идёт? Отку́да он идёт?
У кого́ он был? К кому́ он идёт? От кого́ он идёт?
Куда́ он е́здил? Куда́ он е́дет? Отку́да он е́дет?
От кого́ он е́дет? К кому́ он е́здил?

С л о в а д л я о т в е т о в: подру́га, роди́тели, о́тпуск, рабо́та, университе́т, теа́тр, ро́дственники, магази́н, брат, библиоте́ка, ба́бушка и де́душка.

Готовимся к разговору

Задание 1. Ответьте на реплику собеседника.

1. — Ты не зна́ешь, где я могу́ купи́ть ка́рту Петербу́рга?
   — ....
2. — Скажи́те, пожа́луйста, в како́м отде́ле продаю́тся тетра́ди и ру́чки?
   — ....
3. — А в Петербу́рге мо́жно купи́ть кни́ги на испа́нском языке́?
   — ....
4. — Како́й краси́вый самова́р. Кому́ ты его́ купи́л?
   — ....
5. — Скажи́те, пожа́луйста, де́ньги плати́ть в отде́л?
   — ....

Задание 2. Восстановите вопросы.

1. — .... ?
   — Гости́ный Двор.
2. — .... ?
   — Вы мо́жете купи́ть там всё, что вам на́до.
3. — .... ?
   — Этот зонт сто́ит 342 рубля́.
4. — .... ?
   — Это карти́на изве́стного ру́сского худо́жника.
5. — .... ?
   — Я подарю́ э́тот плато́к ма́ме.

Задание 3. Составьте диалоги на основе предложенных ситуаций.

1. Вы хотите купить книги современных русских писателей. Спросите у вашего русского друга, где это лучше сделать?

2. В вашем фотоаппарате кончилась плёнка. Какой разговор может произойти между вами и продавцом отдела «Фототовары»?

3. Ваш русский друг приехал к вам в гости. Посоветуйте, какие сувениры ему купить.

Задание 4. Объясните, как вы понимаете следующие поговорки: *не дорог подарок, дорога любовь, дарёному коню в зубы не смотрят, бросать деньги на ветер.* Придумайте ситуации, в которых их можно употребить.

Задание 5. Прочитайте диалоги про себя, обратите внимание на выделенные слова и словосочетания, типичные для русской разговорной речи. Прослушайте диалоги в записи. Прочитайте их вслух. Попробуйте составить подобные диалоги.

Диалог 1

— Скажите, пожалуйста, **что у вас есть по истории России**?
— Вот, посмотрите эти книги.
— **Так...** Очень интересно. «Золотое кольцо России» — какое странное название. О чём это?
— В этой книге рассказывается о древних русских городах. Посмотрите, какие прекрасные здесь фотографии.
— Да, замечательные. Сколько она стоит?
— 450 рублей.
— **Дороговато...** но я её возьму. Куда платить, вам?
— Нет, в кассу, пожалуйста.
— А где ваша касса?
— Справа от входа.

Диалог 2

— Будьте добры, покажите мне эту шкатулку.
— Вот эту? **За сорок рублей**?
— Нет, ту, которая стоит справа, **за 168**.
— Пожалуйста. Это ручная работа. Такие часто **покупают в подарок**.
— А мне **как раз** и нужно купить подарок. Как вы думаете, это подойдёт для пожилой женщины?

— Конечно. Палехские шкатулки вообще берут очень охотно.
— А что ещё вы посоветуете **купить на память** о России?
— Купите жостовский поднос. Посмотрите, какой красивый, чёрный с яркими цветами.
— **Здорово!** А что значит **«жостовский»**?
— **Жостово** — это деревня недалеко от Москвы. Там делают такие подносы.
— **Пожалуй**, его я тоже возьму. Платить вам или в кассу?
— Наша касса здесь, в отделе.
— **Сколько с меня?**
— Так... Шкатулка стоит 168 рублей, поднос — 260... **С вас 428 рублей**.... У вас 500 рублей... Возьмите, пожалуйста, сдачу — 72 рубля. И не забудьте чек.
— Спасибо.

Задание 6. Посмотрите на рисунки. Назовите действующих лиц этой истории. Удачным ли было их путешествие в Сибирь? Задайте друг другу вопросы по каждому рисунку. Составьте, если это возможно, диалоги к каждому рисунку. Расскажите (напишите) на основе рисунков всю историю. Как вы думаете, чем закончилась эта история? Придумайте её название.

Давайте поговорим!

1. Скажите, какие русские сувениры вы знаете? А какие сувениры покупают туристы в вашей стране?
2. Как вы думаете, где удобнее делать покупки: в больших универмагах, где много разных отделов, или в маленьких специализированных магазинах?
3. Как вам кажется, Петербург — дорогой город? В каких городах — больших или маленьких, по вашему мнению, жизнь дороже и почему?
4. Что вам нравится и не нравится в работе современных магазинов?
5. Единая европейская валюта (евро) — довольны ли вы её появлением?

Повторение — мать учения

Слова и словосочетания, которые помогут вам поговорить о посещении магазинов и покупках

ХОДИ́ТЬ ПО МАГАЗИ́НАМ
МАГАЗИ́НЫ ОТКРЫВА́ЮТСЯ ↔ ЗАКРЫВА́ЮТСЯ (*когда?*)
ПОКУПА́ТЬ/КУПИ́ТЬ (*что?*)
ПЛАТИ́ТЬ/ЗАПЛАТИ́ТЬ (*сколько? за что?*)
ПРОДАВА́ТЬ (ПРОДАВА́ТЬСЯ)/ПРОДА́ТЬ (*что?*)
УНИВЕРМА́Г
ХУДО́ЖЕСТВЕННЫЙ САЛО́Н
ДОМ КНИ́ГИ
КНИ́ГИ ПО ИСКУ́ССТВУ, ИСТО́РИИ
ОТДЕ́Л ОДЕ́ЖДЫ, ФОТОТОВА́РОВ, БЫТОВО́Й ТЕ́ХНИКИ, СУВЕНИ́РОВ, ТКА́НЕЙ
ОТДЕ́Л: О́БУВИ (ОБУВНО́Й ОТДЕ́Л)
      ПАРФЮМЕ́РИИ (ПАРФЮМЕ́РНЫЙ ОТДЕ́Л)
      ПОСУ́ДЫ (ПОСУ́ДНЫЙ ОТДЕ́Л)
      ГАЛАНТЕРЕ́И (ГАЛАНТЕРЕ́ЙНЫЙ ОТДЕ́Л)
КНИ́ЖНЫЙ ОТДЕ́Л
СПОРТТОВА́РЫ
КАНЦЕЛЯ́РСКИЕ ТОВА́РЫ
ЧЕК
СДА́ЧА
ДО́РОГО ↔ ДЁШЕВО

Задание 1. Скажите (напишите), в каких отделах можно купить следующие товары:

шампу́нь, боти́нки, кошелёк, тетра́ди, пальто́, карти́ну, матрёшку, то́стер, уче́бники, спорти́вный костю́м, таре́лки.

Задание 2. Какие слова пропущены в репликах?

А)
— Де́вушка, у вас есть тетра́ди для шко́льников?
— Нет, в на́шем отде́ле тетра́ди не .... У нас мо́жно купи́ть то́лько кни́ги.
— А где же мо́жно купи́ть тетра́ди?
— Тетра́ди есть в ....

Б)
— Бу́дьте добры́, ..., пожа́луйста, э́ту ку́ртку.
— Каку́ю? За 400 ... ?
— Нет, вот э́ту се́рую за 342 ... .
— Пожа́луйста. Э́то о́чень тёплая и не о́чень ... ку́ртка.
— Да, ку́ртка о́чень хоро́шая, и цена́ .... А каку́ю ша́пку вы мне ... купи́ть?
— Возьми́те вот э́ту. Она́, коне́чно, не о́чень ..., но о́чень тёплая.
— Спаси́бо. Я ... и ку́ртку, и ша́пку. Куда́ ..., вам?
— Нет, ..., пожа́луйста в ка́ссу.

В)
— Серге́й, я хочу́ купи́ть что́-нибудь на па́мять о Росси́и.
— Зайди́ в Гости́ный двор, в ... сувени́ров. Там всегда́ большо́й вы́бор.
— Но я бы бо́льше хоте́л купи́ть альбо́м по иску́сству и́ли каку́ю-нибудь карти́ну.
— Тогда́ тебе́ ну́жно идти́ в .... И́ли в ....

Задание 3. Закончите предложения, используя слова, данные справа.

1. Сего́дня мы идём в ...	футбо́льный матч
2. Ле́том Ма́ша е́здила к ...	публи́чная библиоте́ка
3. Ве́ра е́дет из ...	зубно́й врач
4. Студе́нты ходи́ли на ...	двою́родная сестра́
5. Мой брат был у ...	шко́льные друзья́
6. Я иду́ от ...	спорти́вный ла́герь
7. Ле́том мы бы́ли в ...	о́перный теа́тр

Внеклассное чтение

Аркадий Тимофеевич Аверченко (1881–1925) — писатель-юморист, драматург, театральный критик. В своем творчестве он продолжал традиции М.Твена и О'Генри. Многие рассказы писателя ставились в петербургских театрах. В 1918 году уехал из России. С 1922 года жил в Праге. За искусное мастерство и талант А.Т. Аверченко называли «королём смеха».

РЫЦАРЬ ИНДУСТРИИ

Впервые я познакомился с ним, когда он вылетел из окна второго этажа и упал на дорогу.

Я подошел к окну и спросил неизвестного:

— Не могу ли я вам чем-нибудь помочь?

— Почему не можете? — добродушно кивнул он головой. — Конечно, можете.

— Заходите ко мне, пожалуйста, — сказал я и отошел от окна.

Он вошёл, весёлый, улыбающийся. Протянул мне руку и сказал:

— Цацкин.

— Очень рад. Не ушиблись ли вы?

— Нет, нет! Чистейшие пустяки.

— Наверное, из-за какой-нибудь хорошенькой женщины? — спросил я и подмигнул. – Хе-хе.

— Хе-хе! А вы, наверное, любитель таких сюжетов, хе-хе?! Не хотите ли, могу продать вам серию открыток. Немецкий жанр!

— Нет, зачем же? – удивился я и внимательно посмотрел на него. — Послушайте... ваше лицо, кажется, мне знакомо. Это не вас ли вчера какой-то господин столкнул с трамвая?

— Ничего подобного! Это было позавчера. А вчера меня столкнули с чёрной лестницы на вашей же улице.

Господин Цацкин заметил мой удивлённый взгляд и сказал:

— Все потому, что я хочу застраховать их жизнь. Хороший народ: я беспокоюсь о их жизни, а они хотят моей смерти.

— Так вы агент по страхованию жизни? — сухо сказал я. — Чем же я могу вам помочь?

— Вы мне можете помочь одним маленьким ответиком на вопрос: как вы хотите у нас застраховаться?

— Никак я не хочу страховаться, — покачал я головой.

— А супруга?

— Я не женат.

— Так вам нужно жениться! Могу вам предложить одну девушку... Двенадцать тысяч приданого, отец две лавки имеет! Вы завтра свободны? Можно завтра же поехать и посмотреть. Костюм, белый жилет. Если нет, можно купить готовые. Наша фирма...

— Господин Цацкин! Я не хочу и не могу жениться! Я не создан для семейной жизни...

— Ой! Не созданы? Почему? Может быть, вы до этого очень весело жили? Так вы не бойтесь... Могу предложить вам средство, которое даёт радость каждому меланхоличному мужчине...

— Не надо мне ничего. Не такая у меня внешность, чтобы думать о любви. На голове лысина, морщины, маленький рост...

— Что такое лысина? Если вы купите средство нашей фирмы, так обрастёте волосами, как, извините, кокосовый орех! А рост? Наш гимнастический прибор через каждые шесть месяцев увеличивает рост на два сантиметра. Через два года вам уже можно будет жениться, а через пять лет вас уже можно будет показывать! А вы говорите — рост...

— Ничего мне не нужно! — сказал я и сжал виски. — Простите, но вы действуете мне на нервы...

— На нервы? И он молчит! У нас есть прекрасное средство...

Я схватился за голову.

— Что с вами? Голова болит? Вы только скажите, сколько вам надо тюбиков нашей пасты «Мигренин» — фирма вам сама доставит на дом...

— Извините, — сказал я, — но я прошу вас уйти. Мне некогда. Я очень устал, а у меня ещё много работы... Я должен писать статью.

— Вы устали? — сочувственно спросил господин Цацкин. Это потому что вы ещё не купили нашего приспособления для чтения и письма. За две штуки семь рублей, а за три — десять!

— Пошёл вон! - закричал я. — Или я проломлю тебе голову этим пресс-папье!!

— Этим пресс-папье? — презрительно сказал господин Цацкин. — Этим пресс-папье... Вы на него дуньте — и оно улетит. Нет, если вы хотите иметь настоящее пресс-папье, то я могу вам предложить целый прибор из малахита...

Я нажал кнопку электрического звонка.

— Вот сейчас придёт человек и выведет вас!

Печально склонив голову, господин Цацкин сидел и молчал.

Прошло две минуты. Я позвонил снова.

— Хорошие звонки, — покачал головой господин Цацкин. — Разве можно иметь звонки, которые не звонят? Позвольте вам предложить звонки за семь рублей шестьдесят копеек. Изящные звонки...

Я вскочил, схватил господина Цацкина за руку и потащил к выходу.

— Идите! Или у меня сейчас будет инфаркт...

— Это не дай Бог, но вы не беспокойтесь! Мы вас прилично похороним по второму классу. Правда, не будет так красиво, как по первому, но катафалк...

Я закрыл за господином Цацкиным дверь, повернул ключ и вернулся к столу.

Через минуту дверная ручка повернулась, дверь открылась.

Господин Цацкин робко вошёл в комнату и сказал:

— Могу вам сказать, что ваши замки никуда не годятся... Хорошие английские замки могу продать вам я — один за два рубля сорок копеек, три – за шесть рублей пятьдесят копеек, а пять штук...

Я вынул из письменного стола револьвер и закричал:

— Сейчас я буду стрелять!!!

Господин Цацкин с довольным видом улыбнулся и сказал:

— Я буду очень рад, так как это даст вам возможность убедиться, какого качества жилет от пуль я надел для образца и который могу вам предложить. Одна штука восемнадцать рублей, две дешевле, а три ещё дешевле!

Я схватил господина Цацкина и выбросил в окно.

Когда он падал, он крикнул мне:

— У вас очень непрактичные запонки! Острые углы, они рвут платье. Могу предложить вам запонки из африканского золота — пара два рубля, три пары де...

Я закрыл окно.

(по А. Аверченко)

7

ТРАНСПОРТ

Задание 1.

Скажи́те, как вы добира́етесь до ме́ста рабо́ты (учёбы)? Ско́лько вре́мени вы тра́тите на доро́гу? Лю́бите ли вы ходи́ть пешко́м? Како́й вид тра́нспорта вам ка́жется са́мым удо́бным? Ско́лько сто́ит прое́зд в авто́бусе в ва́шем го́роде? Есть ли в ва́шем го́роде метро́? Во́дите ли вы маши́ну? Как вы понима́ете погово́рку: *Ти́ше е́дешь — да́льше бу́дешь*?

Я **добира́юсь** до це́нтра за полчаса́.
Обы́чно я **выхожу́ из** до́ма в 8 часо́в, а **прихожу́** домо́й в 5.
Я сел на маши́ну и **пое́хал на** рабо́ту.
На чём ты **прие́хал**?
Когда́ я **е́ду** в авто́бусе, я чита́ю.
По доро́ге домо́й я всегда́ **захожу́** в магази́н.
Ко мне подошёл незнако́мый челове́к и спроси́л, **как дое́хать** до теа́тра.
Он **обошёл** всё зда́ние, но не нашёл вхо́да.
Переходи́ть доро́гу на́до осторо́жно!

Прочитайте текст. Обратите внимание на выделенные конструкции.

Общественный транспорт или личный автомобиль?

Как вы помните, Клаус недавно купил красивый дом в пригороде Берлина. Он, как и многие горожане, предпочитает жить за городом, а работать в городе. Конечно, у него есть машина, и он **добирается до** работы очень быстро. Но сегодня Клаус решил посмотреть, сколько времени он потратит на дорогу, если **поедет** на работу на **общественном транспорте**. Зачем это ему нужно? Вы же помните, что он журналист, сейчас он **работает над** статьёй «Общественный транспорт или личный автомобиль. За и против». Да и бесконечные **пробки на дороге** уже так надоели!

Клаус **вышел из** дома в 7.30 и **пошёл на** автобусную остановку. Автобус **подошёл** очень быстро, он спокойно сел, заплатил за проезд и стал читать газету. **На конечной остановке** он **вышел** из автобуса и **пошёл** к метро, потому что редакция газеты, где он работает, **находится в трёх остановках от кольца** автобуса, на котором он **приехал**. Через три остановки Клаус **вышел из** вагона поезда и **пошёл** в офис. Но что это? Сквер, через который надо идти к офису, сегодня почему-то закрыт. Придётся его **обходить**. Клаус **обошёл** сквер, **перешёл на** другую сторону улицы и **пошёл дальше**. «Но как жарко сегодня! Надо купить минеральной воды», — подумал Клаус. Он **зашёл** в магазин, купил минеральную воду и продолжил свой путь. **Мимо проехала** машина, и кто-то помахал ему рукой. Это был его начальник, который очень не любит, когда кто-нибудь опаздывает на работу. Клаус посмотрел на часы: «Я же опаздываю! Уже 8.30!» Но что делать?! Эксперимент так эксперимент! До офиса ещё **минут 5 ходьбы**, придётся поторопиться. Через 5 минут он **вбежал** в офис.

Интересно, что напишет Клаус в своей статье?

Ответьте на вопросы:

1. Где находится новый дом Клауса?
2. Как он обычно добирается до работы?
3. Почему сегодня он не поехал на работу на машине?
4. Когда он вышел из дома?
5. На чём он поехал в Берлин?
6. Что он делал, когда ехал в автобусе?
7. Далеко ли от конечной остановки автобуса находится его редакция?
8. Куда и зачем он решил зайти по дороге в офис?
9. Кого и где он увидел?
10. Когда Клаус пришёл на работу?

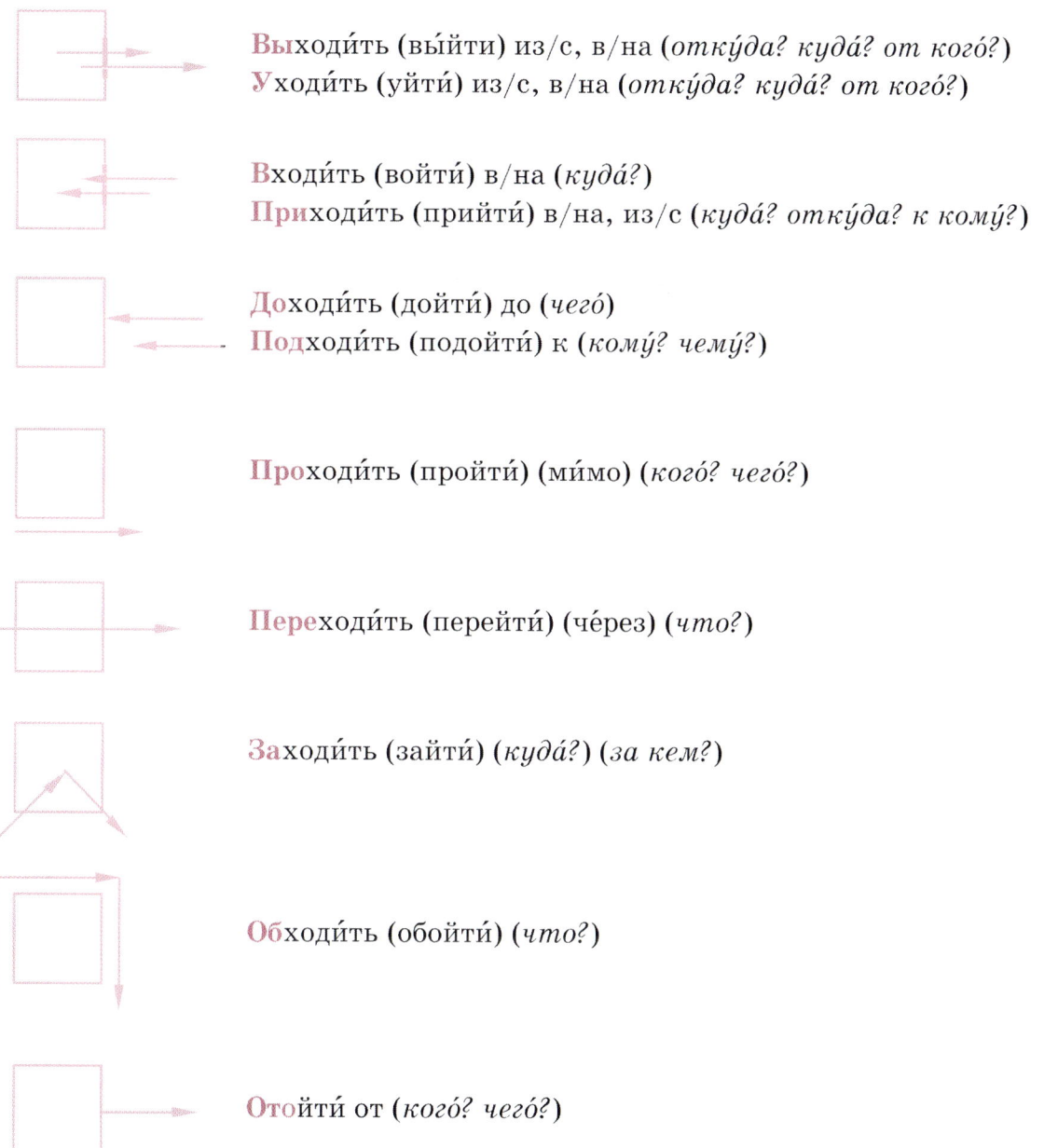

Упражнение 1. Вместо точек вставьте нужную приставку.

1. Я ...шёл в комнату и увидел, что окно открыто. 2. Откуда вы ...ехали? 3. Почему ты ...шёл мимо меня и не поздоровался? 4. Когда мы ...шли из театра, было уже слишком поздно, чтобы звонить друзьям. 5. По дороге на работу я ...шёл к другу. 6. Сначала я приготовила обед, а потом ...ехала к подруге. 7. Нельзя ...ходить улицу на красный свет. 8. Мы ...шли большую лужу. 9. Когда мы ...ехали до дома, дождь закончился.

Упражнение 2. Вместо точек напишите нужный глагол движения. Составьте предложения с полученными словосочетаниями.

....	в ко́мнату	....	на рабо́ту
....	из до́ма	....	до ста́нции метро́
....	к дру́гу	....	к милиционе́ру
....	у́лицу	....	от роди́телей
....	ми́мо ры́нка	....	за подру́гой
....	лу́жу	....	с вы́ставки
....	к остано́вке	....	че́рез мост

Упражнение 3. Измените рассказ. Начните его так: «Вчера́…»

Ка́ждый день ве́чером я выхожу́ на прогу́лку в парк, кото́рый нахо́дится недалеко́ от на́шего до́ма. Но гуля́ть одному́ ску́чно, поэ́тому я захожу́ за подру́гой, кото́рая живёт в двух шага́х от меня́. Когда́ мы хо́дим по па́рку, мы встреча́ем знако́мых, подхо́дим к ним, здоро́ваемся, разгова́риваем. В це́нтре па́рка нахо́дится прекра́сное о́зеро, мы обхо́дим его́ не́сколько раз: так прия́тно любова́ться его́ споко́йной водо́й и прекра́сным ви́дом вокру́г! Из о́зера вытека́ет река́, кото́рую мы перехо́дим че́рез мост, что́бы попа́сть к небольшо́му кафе́, куда́ мы захо́дим, пьём ко́фе и еди́м вку́сные пиро́жные. Пото́м мы выхо́дим из кафе́ и прохо́дим ми́мо павильо́на цвето́в. Бы́стро стано́вится темно́, и мы возвраща́емся домо́й.

Готовимся к разговору

> Я вошёл в дом. ↔ Я вы́шел из до́ма.
> Я пришёл домо́й. ↔ Я ушёл из до́ма.
> Я подошёл к теа́тру. ↔ Я отошёл от теа́тра.

Задание 1. Скажите, что они делают или сделали.

Задание 2. Составьте рассказ по картинкам.

러시아어 회화 2 | **Урок 7 (семь)**

Задание 3. Составьте диалоги по модели:

Модель: Эрмита́ж — тролле́йбус № 10.
— Скажи́те, пожа́луйста, как добра́ться до Эрмита́жа?
— Лу́чше всего́ на деся́том тролле́йбусе.

Ру́сский музе́й — метро́.   Цирк — трамва́й № 12.
Петерго́ф — электри́чка.   Марии́нский теа́тр — трамва́й № 1.
Ме́ньшиковский дворе́ц — авто́бус № 7.

Задание 4. Прочита́йте диало́ги про себя́. Прослу́шайте их в за́писи. Прочита́йте их вслух. Попро́буйте соста́вить подо́бные.

1. — Скажи́те, пожа́луйста, как мне **дое́хать** до Эрмита́жа?
   — Сади́тесь на авто́бус № 7.

2. — Скажи́те, пожа́луйста, как мне **добра́ться** до це́нтра го́рода?
   — Лу́чше всего́ на метро́.

3. — Вы не ска́жете, как мне **попа́сть** на Дворцо́вую пло́щадь?
   — Туда́ идёт тролле́йбус № 10.

4. — Вы **выхо́дите** на сле́дующей остано́вке?
   — Нет, я **выхожу́** че́рез одну́.

5. — Мне нужна́ остано́вка «Университе́т», вы не ска́жете, когда́ мне **выходи́ть**?
   — Вам на́до **вы́йти** че́рез три остано́вки.

6. — Прости́те, вы не ска́жете, как мне **дойти́** до ци́рка?
   — Пешко́м о́чень далеко́. Быстре́е всего́ на маршру́тном такси́ № 60.
   — А где оно́ остана́вливается?
   — За угло́м э́того до́ма.

7. — Вы не зна́ете, где нахо́дится Большо́й драмати́ческий теа́тр?
   — Э́то в двух шага́х отсю́да. **Иди́те** пря́мо до перекрёстка, а пото́м **поверни́те** напра́во.

8. — Вы не зна́ете, как нам **дое́хать** до Па́вловска?
   — Вам на́до **е́хать** на электри́чке от Вите́бского вокза́ла.
   — А как **добра́ться** до вокза́ла?
   — О́чень про́сто. Он нахо́дится о́коло ста́нции метро́ «Пу́шкинская». **Сади́тесь** на метро́ и на четвёртой остано́вке **выходи́те**.

9. — Извини́те, пожа́луйста, мы пе́рвый раз в Петербу́рге и не зна́ем, как нам **попа́сть** на Васи́льевский о́стров.
   — Вам на́до **е́хать** до ста́нции «Маяко́вская», а пото́м **сде́лать переса́дку** на другу́ю ли́нию и **е́хать** ещё две остано́вки.
   — Спаси́бо.

103

Задание 5. Прочитайте диалоги про себя, обратите внимание на выделенные слова и словосочетания, типичные для русской разговорной речи. Прослушайте диалоги в записи. Прочитайте их вслух. Придумайте продолжение этих диалогов.

Диалог 1

— Джон, ты, наверное, уже устал. Мы сегодня **обошли пол-Петербурга**.

— **Честно говоря**, устал ужасно. Может быть, мы можем на чём-нибудь доехать до гостиницы?

— Давай возьмём такси. Или дойдём до угла и сядем на **маршрутку**.

— Поедем лучше на трамвае или на автобусе. Я ещё ни разу не ездил здесь на городском транспорте.

— **Ну, ладно**. Тогда мы должны перейти на другую сторону и сесть на десятый троллейбус. Он идёт до гостиницы «Москва».

— Сергей, я совсем забыл, мне обязательно нужно обменять деньги.

— **Ничего страшного**. «Десятка» идёт мимо банка. Мы проедем две остановки, выйдем, зайдём в банк, а потом снова сядем на троллейбус и поедем дальше.

Диалог 2

— Скажите, пожалуйста, я доеду на этом автобусе до «Василеостровской»?

— Да, конечно. Вам нужно выйти через четыре остановки.

— **А вы не скажете**, как заплатить за проезд и сколько стоит билет? Я иностранец и еду на автобусе первый раз.

— У нас в автобусах, троллейбусах и трамваях есть кондуктор. Просто дайте ему деньги, и он даст вам билет. А сколько времени вы будете в Петербурге?

— Я приехал на полтора месяца.

— О, тогда вам лучше купить на месяц карточку.

— А что это такое?

— Это специальный билет, который можно купить на станциях метро или в специальных киосках. И тогда вы можете целый месяц ездить на всех видах транспорта по всему городу. Это и дешевле, и удобнее.

— А как им пользоваться?

— Когда мы входим в автобус, троллейбус или трамвай, мы показываем карточку кондуктору.

— Да, это очень удобно. Спасибо за совет.

Задание 6. Посмотрите на карту (с. 75). Скажите, как и на чём можно добраться до:

Московского вокзала, аэропорта, станции метро «Садовая», дворца спорта «Юбилейный», Мариинского театра, гостиницы «Астория», Армянской церкви.

Задание 7. Объясните, как вы понимаете следующие фразеологизмы: *идти куда глаза глядят, заблудиться в трёх соснах, язык до Киева доведёт.* Придумайте ситуации, в которых их можно употребить.

Задание 8. Посмотрите на рисунки. Назовите действующих лиц этой истории. Как вы поняли, что произошло с иностранным туристом, который хотел узнать дорогу в музей? Задайте друг другу вопросы к этим рисункам. Составьте к ним диалоги. Расскажите (напишите) на основе рисунков всю историю. Придумайте её название.

Давайте поговорим!

1. Какой вид транспорта вам нравится больше и почему?
2. С какими транспортными проблемами вы сталкивались?
3. Что лучше, с вашей точки зрения: общественный транспорт или личный автомобиль?
4. Почему в последнее время популярным видом транспорта стал велосипед?
5. Как вы предпочитаете путешествовать: на самолёте, на поезде или на корабле? Почему?

러시아어   회화 2 | **Урок 7 (семь)**

Повторе́ние — мать уче́ния

Слова́ и словосочета́ния, кото́рые помо́гут вам поговори́ть о тра́нспорте и путеше́ствиях

ТРА́НСПОРТ (городско́й, обще́ственный)
ДОЙТИ́, ДОЕ́ХАТЬ, ДОБРА́ТЬСЯ (*до чего́? на чём?*)
САДИ́ТЬСЯ/СЕСТЬ (*на что?*)
Е́ХАТЬ, ЛЕТЕ́ТЬ (*на чём?*)
ПОПА́СТЬ В ПРО́БКУ
Е́ХАТЬ ДО КОЛЬЦА́, ДО КОНЕ́ЧНОЙ ОСТАНО́ВКИ
СДЕ́ЛАТЬ ПЕРЕСА́ДКУ
Е́ХАТЬ БЕЗ ПЕРЕСА́ДКИ
(ско́лько мину́т) ХОДЬБЫ́, ЕЗДЫ́
БЫТЬ, НАХОДИ́ТЬСЯ В ДВУХ ШАГА́Х, В ТРЁХ ОСТАНО́ВКАХ (*от чего?*)
ВЫХОДИ́ТЬ (на сле́дующей остано́вке, че́рез одну́ остано́вку)
ПОВОРА́ЧИВАТЬ/ПОВЕРНУ́ТЬ (нале́во, напра́во)
БРАТЬ/ВЗЯТЬ (такси́)
МАРШРУ́ТНОЕ ТАКСИ́ (МАРШРУ́ТКА)
ЭЛЕКТРИ́ЧКА
ПЛАТИ́ТЬ/ЗАПЛАТИ́ТЬ ЗА ПРОЕ́ЗД
КА́РТОЧКА (еди́ная, на ме́сяц, на 20 пое́здок)

Испо́льзуя слова́, словосочета́ния и граммати́ческий материа́л те́мы, вы́полните сле́дующие зада́ния.

Зада́ние 1. Прочита́йте предложе́ния. Перепиши́те их, замени́те вы́деленные бесприста́вочные глаго́лы глаго́лами с приста́вками. Е́сли возмо́жны вариа́нты, напиши́те их.

Моде́ль: Вчера́ ве́чером я звони́л тебе́, но тебя́ не́ было до́ма. Куда́ ты **ходи́л**?
— Вчера́ ве́чером я звони́л тебе́, но тебя́ не́ было до́ма. Куда́ ты **уходи́л**?

1. Ма́шенька, дорога́я! Спаси́бо за прекра́сный ве́чер, но нам пора́ **идти́**. 2. Твой по́езд в 11, зна́чит, ты до́лжен **идти́** из до́ма в 9.45. 3. Како́й-то челове́к

ждёт вас в коридоре, вам нужно идти и посмотреть, кто это. 4. Завтра у Виктора день рождения. Мы идём его поздравлять? 5. Обычно летом мы ездили в Крым. 6. Мы видели, как он шёл к остановке автобуса. 7. Обычно по дороге домой я шёл в магазин, покупал что-нибудь на ужин. 8. Когда вы идёте через улицу, будьте, пожалуйста, осторожны. 9. Мы ждали уже 20 минут, а он не шёл. 10. Я покажу вам мой дом, когда мы будем ехать мимо. 11. Перед тем как идти в кабинет директора, нужно постучать.

Задание 2. **Перепишите предложения, заменив выделенные слова глаголами движения с приставками и без приставок.**

Модель: Во время поездки в Петербург с нами был переводчик.
— Когда мы ездили в Петербург, с нами был переводчик.

1. По этой улице нет проезда, идут ремонтные работы. 2. Мне очень понравился Новгород. Жаль, что эта поездка была только 2 дня. 3. Выезд экспедиции завтра в 9 часов утра. 4. Как вы чувствовали себя во время полёта? 5. Отца нет, он в отъезде. 6. Все были рады твоему приходу. 7. Перед уходом я позвонил на вокзал. 8. Приезд президента в Петербург был неожиданным. 9. Летом он планирует поездку в Прагу. 10. Никто не заметил его ухода. 11. У входа в зал контролёр проверяет билеты.

Задание 3. **Отреагируйте на реплику-стимул, используя глаголы движения.**

Модель: Как интересно было в Эрмитаже!
— А когда ты ходил туда?

1. Сергей вчера был у меня. 2. Наташи сейчас нет в городе. 3. Маша уже вернулась из библиотеки. 4. Завтра в это время я буду уже дома. 5. Вчера я не был на последней лекции. 6. Вечером у нас гости. 7. Завтра суббота, что ещё интересного можно посмотреть в Петербурге?

Задание 4. **Согласны ли вы с тем, что «у домоседа только один мир, у путешественника — тысячи». Аргументируйте свою точку зрения.**

Задание 5. **Ваш друг приехал в ваш родной город. Составьте для него культурную программу. Объясните, почему нужно посмотреть именно эти достопримечательности.**

Внеклассное чтение

ПЕТЕРБУРГСКИЙ ТРАМВАЙ

Петербург называют трамвайной столицей мира. Наш город занесён в Книгу рекордов Гиннесса как «самый трамвайный» город мира. Трудно сейчас представить себе северную столицу без привычных вагончиков, бегающих по улицам, набережным и переулкам.

Один из первых видов общественного городского транспорта имеет свою историю. «Предок» трамвая, конка, прошёл по улицам нашего города 27 октября 1863 года. Петербургская газета «Северная пчела» в № 193 за 1863 год сообщала: «В воскресенье в три часа дня двинулся от Николаевского моста первый пассажирский поезд, состоящий из двух вагонов. Поезда будут ходить каждые полчаса от вокзала Николаевской железной дороги до Дворцового моста и обратно. Вагоны очень хороши и просторны, езда спокойна, цены умеренны — 5 копеек внутренние места, 3 копейки наружные. Проезд со всеми остановками занимает четверть часа».

В 80-е годы XIX века на смену конке пришёл паровой трамвай. Регулярное движение было начато в июне 1886 года. Однако у паровых трамваев было много недостатков. Они были очень шумными, загрязняли воздух и поэтому не пользовались популярностью. В 1899 году по Невскому проспекту вместе с конными вагонами городской конно-железной дороги пошли первые электрические вагоны, которые стали называть «электрическая конка». Именно этот вид транспорта и стал с начала XX века самым популярным и любимым у горожан.

Трамвай долгое время успешно помогал решать транспортные проблемы почти пятимиллионного города. Но время проходит, и привычный, любимый петербуржцами трамвай уже начинает мешать развитию дорожного движения. Технический прогресс идёт вперёд, ритм жизни увеличивается, а средняя скорость городского трамвая сегодня —

20 км/час. Не улучшают трамвайные пути и качества наших магистралей, которые за последние годы стали очень опасными: не менее тридцати процентов всех дорожно-транспортных происшествий связано с плохим качеством дорог.

Несмотря на протесты любителей старейшего вида городского транспорта, медленное «выдавливание» трамвая из центра города идёт уже несколько лет, да и общая протяжённость трамвайных линий постоянно уменьшается. Неужели трамвай скоро станет музейным экспонатом?

Нет, трамвай ещё можно будет увидеть на петербургских дорогах: по плану городского правительства будет реализовываться программа развития скоростного трамвайного движения.

Каким же будет новый петербургский трамвай? Во-первых, модернизированные вагоны будут «летать» со скоростью 60 км/час. Чтобы поддерживать такой режим движения, трамвайные пути отделят от тротуаров специальным забором и реконструируют все светофоры. Подъезжая к перекрёстку, трамвай будет автоматически переключать светофор на зелёный свет. Во-вторых, «ускоренный трамвай» станет частью единой скоростной сети метро и пригородных электричек. Кроме того, петербургскому трамваю вернут давнюю традицию маршрутных огней, когда каждому маршруту соответствовало своё сочетание цветов. Обозначение трамвайных поездов цветными маршрутными огнями применялось в Петербурге с 1910 года. Это одна из уникальных традиций Санкт-Петербурга, которой не было ни в одном другом городе бывшего СССР.

8

В РЕСТОРАНЕ

Задание 1.

Скажи́те, ча́сто ли вы хо́дите в рестора́ны? Нра́вится ли вам ру́сская ку́хня? Каки́е блю́да ру́сской ку́хни вы про́бовали? Зна́ете ли вы, что обы́чно едя́т в Росси́и на за́втрак, на обе́д (на пе́рвое, на второ́е, на тре́тье), на у́жин? Каки́е ру́сские национа́льные напи́тки вы зна́ете? Уме́ете ли вы гото́вить са́ми? Как вы понима́ете погово́рку: *аппети́т прихо́дит во вре́мя еды́?*

Официа́нт **несёт** нам заку́ски.
Я всегда́ **ношу́** с собо́й креди́тную ка́рточку.
Друзья́ **веду́т** меня́ в рестора́н.
Друг **во́дит** нас по рестора́нам.
Маши́на **везёт** проду́кты в магази́н.
Ка́ждое воскресе́нье мы **во́зим** дете́й за́ город.
На́до бы́ло е́хать с переса́дкой.
Он смог сде́лать всё во́время.
Ива́н спроси́л, **люблю́ ли** я молоко́.

Прочитайте текст. Обратите внимание на выделенные конструкции.

Надо перекусить

Любите ли вы путешествовать? А вот наши герои любят. Действительно, делу — время, а потехе — час, как говорит русская пословица. **Клаусу** тоже не сидится на месте. Он закончил свои дела и поехал... в Петербург. Опять в Петербург! Когда он летел в самолёте, он вспоминал город, который теперь забыть невозможно: «Я вернулся в мой город, знакомый до слёз...»

Да, город стал почти родным. Он столько уже видел, столько узнал! Но всё равно надо подумать о том, что ещё посмотреть и где ещё побывать.

Но сначала надо перекусить. Как же называется тот ресторан, в который его **водил** Иван Петрович? Какое-то очень русское название... Или «Калинка», или «Тройка»...

На Невском проспекте Клаус увидел хорошо знакомое название — «Литературное кафе». «А ведь здесь тоже хорошо готовят», — подумал он и вошёл в кафе. У окна был свободный столик. Он сел и посмотрел меню. На первой странице он прочитал: «Закуски». Какой большой выбор! Может быть, взять салат «Столичный»? Да, это лучше всего. А что на первое? Борщ, щи, солянка, окрошка, грибной суп, уха... Что же такое уха? Надо спросить у официанта. Так, что на второе? Котлета по-киевски, голубцы, блины с мясом, пельмени, шашлык из осетрины.... Пожалуй, блины. Теперь напитки. Не попробовать ли квас или лучше взять минеральную воду? Да, лучше минеральную без газа.

Официант **принёс** салат и минеральную воду и сказал, что горячее придётся подождать — минут 10–15. Через 15 минут первое и второе блюда были готовы. Всё было очень вкусно. Только сейчас Клаус понял, как он проголодался. Не взять ли ещё десерт? Правду говорят, что аппетит приходит во время еды. Он позвал официанта, заказал кофе с пирожным и попросил счёт.

После обеда Клаус решил немного прогуляться. Он пошёл по набережной реки Мойки и увидел экскурсионные теплоходы, которые **возят** туристов по рекам и каналам города. Отличная идея! В прошлый приезд **ему не удалось** попасть на экскурсию «Мосты и каналы Петербурга». Он подошёл к кассе, купил билет, сел на теплоход, и экскурсия началась.

Ответьте на вопросы:

1. Куда поехал Клаус? 2. Почему он решил поехать в Петербург? 3. В какой ресторан его водил Иван Петрович? 4. А где пообедал Клаус? 5. Что он взял на закуску? 6. Клаус не знает, что такое уха. А вы знаете? 7. Что он взял на второе? 8. Какой он выбрал напиток? 9. Почему он решил взять и десерт? 10. Куда он поехал после обеда? 11. Как вы понимаете поговорки: *делу — время, потехе — час* и *аппетит приходит во время еды*?

Урок 8 (восемь)

нести́ — носи́ть
везти́ — вози́ть
вести́ — води́ть

Упражне́ние 1. Вста́вьте вме́сто то́чек ну́жный глаго́л.

Моде́ль: Куда́ идёт э́тот ма́льчик с соба́кой? — Он ... её гуля́ть в парк.
— Он ведёт её гуля́ть в парк.

1. Куда́ идёт э́та де́вушка с кни́гами? — Она́ ... их в библиоте́ку. 2. Куда́ е́дут э́ти маши́ны с фру́ктами? — Они́ ... фру́кты на ры́нок. 3. Куда́ идёт э́тот экскурсово́д с тури́стами? — Он ... тури́стов в Эрмита́ж. 4. Куда́ е́дет э́та же́нщина с ребёнком? — Она́ ... ребёнка к врачу́. 5. Куда́ идёт мужчи́на с цвета́ми? — Он ... их на день рожде́ния жене́. 6. Куда́ иду́т Том с бра́том? — Том ... бра́та на вы́ставку. 7. Куда́ идёт почтальо́н с газе́тами и журна́лами? — Он ... нам газе́ты и журна́лы. 8. Куда́ идёт э́тот официа́нт с заку́сками? — Он ... заку́ски в банке́тный зал. 9. К кому́ идёт э́та де́вушка с то́ртом? — Она́ ... торт подру́ге.

Упражнение 2. Вставьте вместо точек глаголы *нести́ — носи́ть, везти́ — вози́ть, вести́ — води́ть*.

1. В выходны́е дни мой друг ... роди́телей на да́чу. 2. Он ... ребёнка в зоопа́рк. 3. Я всегда́ ... докуме́нты с собо́й. 4. Вот идёт моя́ подру́га. В рука́х она́ ... большо́й торт. 5. Официа́нт ... наш зака́з. 6. Обы́чно он ... на уро́к слова́рь. 7. Я е́ду в Га́мбург и ... сувени́ры свои́м друзья́м. 8. Экскурсово́ды ... тури́стов по музе́ю. 9. Сего́дня я ... сестру́ на бале́т.

Нёс, несла́, несли́ — носи́л (-а, -и)
Вёз, везла́, везли́ — вози́л (-а, -и)
Вёл, вела́, вели́ — води́л (-а, -и)

Упражнение 3. Выберите нужный глагол (прошедшее время).

1. Я встре́тил дру́га, кото́рый ... большу́ю корзи́ну с гриба́ми.   нёс — носи́л
   Вчера́ он ... часы́ в ремо́нт.

2. В воскресе́нье Ле́на ... бра́та в ку́кольный теа́тр.   вёл — води́л
   Анто́н шёл в бассе́йн и ... с собо́й бра́та.

3. В про́шлое воскресе́нье она́ ... дете́й в Петерго́ф.   вёз — вози́л
   По у́лице е́хала маши́на, кото́рая ... слона́ в зоопа́рк.

4. В суббо́ту Ви́ктор ... статью́ реда́ктору.   нёс — носи́л
   Когда́ он ... статью́ реда́ктору, он встре́тил Людми́лу.

5. В про́шлом году́ мы ... дете́й на юг.   вёз — вози́л
   Мари́на купи́ла компью́тер. Домо́й она́ ... его́ на маши́не.

Мне прихо́дится мно́го рабо́тать.
— Мне пришло́сь пое́хать туда́.
— Мне придётся реша́ть э́ту пробле́му.

Ему́ удаётся всё де́лать бы́стро.
— Ему́ удало́сь сдать все экза́мены ра́ньше.
— Ему́ не уда́стся перевести́ э́тот текст без словаря́.

Упражнение 4. Закончите фразы, используя предложенные выше конструкции.

1. Вчера́ це́лый день шёл дождь, и ... .
2. Мы не купи́ли биле́ты на самолёт, поэ́тому... .

3. Ольга мало занималась в этом году, и ... .
4. Рамон очень хотел посмотреть футбол, но ... .
5. В нашей аптеке не было этого лекарства, и ... .
6. У меня сегодня очень много работы, поэтому ... .
7. У него плохая память, и ... .
8. У Наташи нет машины, поэтому ... .

> Бабушка спросила: «Ты будешь обедать?»
> — Бабушка спросила, буду ли я обедать.

Упражнение 5. Измените предложения, используя предложенный образец.

1. Иван Петрович спросил: «Вы купили билеты в Москву?» 2. Клаус спросил официанта: «У вас есть пиво?» 3. Ирена спросила туристов: «Вы хотите пойти в Мариинский театр?» 4. Том спросил Хуссейна: «Ты часто звонишь домой?» 5. Иван Петрович спросил Рамона: «Барселона — большой город?» 6. Сирпа спросила Жана: «Ты будешь изучать русский язык?» 7. Аня спросила: «Мама, мы пойдём в гости?» 8. Нина спросила: «Тебе нравятся русские народные песни?»

> Интересно, будет ли завтра дождь.
> Я не поеду в Петергоф, если будет дождь.

Упражнение 6. Закончите предложения, выбрав информацию справа.

Я хотел узнать	если сможет купить билет
Я позвоню тебе	сделал ли ты домашнее задание
Маша спросила	если у меня будет время
Сергей пойдёт в театр	купил ли Джон цветы
Мне интересно	видел ли этого человека раньше
Он не сможет перевести текст	если ты купишь продукты
Непонятно	если у него нет словаря
Я не помню	говорил ли он правду
Я приготовлю ужин	понравился ли тебе балет

Готовимся к разговору

Задание 1. Прочитайте меню одного из ресторанов Петербурга. Скажите, какие блюда вы хотите заказать на закуску, на первое, на второе. Что вы возьмёте на десерт?

ЗАКУСКИ
Салат «Оливье»
Селёдка «под шубой»
Салат овощной
Икра красная
Мясное ассорти
Рыба заливная

ПЕРВЫЕ БЛЮДА
Щи боярские
Борщ
Рассольник
Уха монастырская
Грибной суп
Окрошка

ВТОРЫЕ БЛЮДА
Котлеты пожарские
Голубцы
Бефстроганов
Антрекот
Эскалоп
Рыба в кляре

ГАРНИР
Картофель фри
Картошка по-домашнему
Рис
Греча

ДЕСЕРТ
Мороженое с фруктами
Пирожные
Клубника со сливками

НАПИТКИ

Безалкогольные
Русский квас
Компот из фруктов
Минеральная вода
Соки в ассортименте
Кока-кола
Кофе
Чай

Алкогольные
Водка «Столичная»
Коньяк армянский
Мартини
Вино красное
Вино белое

Задание 2. Назовите своё любимое национальное блюдо. Расскажите, как его можно приготовить.

Задание 3. Скажите, для чего нужны эти предметы?

Чáйник, кофéйник, салáтник, молóчник, сáхарница, хлéбница, солóнка, маслёнка.

Задание 4. а) Ответьте на приглашение отказом. В ответе употребите одно из следующих выражений: *я тóлько что поéл (пообéдал, позáвтракал, поýжинал); я сыт по гóрло; я бóльше не могý; я не ем (не пью) э́того никогдá; ни в кóем слýчае не бýду; терпéть не могý... .*

Модéль: — Вы не поýжинаете с нáми?
— Спасúбо, я тóлько что поýжинал.

1. Садúтесь с нáми обéдать.
2. Вам налúть чáшечку чáя?
3. Не хотúте ещё кóфе?
4. Попрóбуйте э́то пирóжное.
5. Мóжет быть, бокáл винá?
6. Хотúте, я возьмý вам сок?

б) Ответьте на приглашение согласием. В ответе употребите одно из следующих выражений: *с удовольствием; не откажусь; только чуть-чуть, пожалуйста.*

Модель: — Хотите, я налью вам чашечку кофе?
— Спасибо. С удовольствием.

1. Вы не хотите мороженого?
2. Пойдёмте с нами ужинать.
3. Садитесь с нами обедать.
4. Хотите рюмку коньяку?
5. Может, взять вам пирожок?
6. Положить вам салата?

Задание 5. Объясните, как вы понимаете следующие поговорки: *путь к сердцу мужчины лежит через желудок, сыт по горло, голодный как волк.* Придумайте ситуации, в которых их можно употребить.

Задание 6. Расскажите, что вы обычно готовите, когда у вас гости.

Задание 7. Прочитайте диалоги про себя, обратите внимание на выделенные слова и словосочетания, типичные для русской разговорной речи. Прослушайте диалоги в записи. Прочитайте их вслух.

Диалог 1

— Люда, ты ещё не проголодалась? Может, сходим куда-нибудь, пообедаем?
— Пойдём, а куда? В нашу столовую?
— В столовую не хочу. **Надоело.** Недалеко от нашего офиса открылось новое кафе. Пойдём туда! Недавно мы были там с Димой, и мне очень понравилось. Там очень вкусно и недорого.
— А там уютно?
— Очень. Ну что? Идём?
— Идём.
В кафе.
— Давай сядем за тот столик, у окна. Будьте добры, меню.
— Посмотрим, что нам предлагают.
— Так... Первое я брать не буду. Возьму только овощной салат и эскалоп.

— А я возьму́ сала́т, бульо́н с пирожка́ми, на второ́е бефстро́ганов с жа́реной карто́шкой. Обе́дать так обе́дать.

— А пить что бу́дем? Не пить же чай в таку́ю жару́!

— А я с удово́льствием вы́пью ча́шку ча́я с лимо́ном. Говоря́т, в жару́ хорошо́ и́менно чай.

— Ла́дно, ты бери́ чай, а я минера́лку без га́за.

— Бу́дьте добры́, прими́те зака́з. Мы уже́ всё вы́брали. Нам, пожа́луйста, оди́н бульо́н с пирожка́ми, два сала́та из помидо́ров и огурцо́в, эскало́п, одну́ по́рцию бефстро́ганов с жа́реной карто́шкой, ча́шку ча́я без са́хара и буты́лку минера́льной без га́за. Да, чуть не забы́л гарни́р к эскало́пу. А не взять ли мне макаро́ны? Да, пожа́луйста, макаро́ны. Тепе́рь, по-мо́ему, всё.

Диалог 2

— Ты отку́да? Из столо́вой?
— Да, ходи́л пообе́дать.
— Ну и как обе́д?
— Ну, как сказа́ть... Обе́д как обе́д. Ничего́ осо́бенного. Взял па́ру соси́сок с гарни́ром и сала́т, а на тре́тье ватру́шку с ча́ем. Вот ватру́шка мне понра́вилась. Е́сли пойдёшь, сове́тую взять.
— Зна́чит, замори́л червячка́.
— Да, перекуси́л.
— Пойду́ и я пое́м.
— Прия́тного аппети́та!

Зада́ние 8. Соста́вьте небольши́е расска́зы, испо́льзуя ле́ксику уро́ка и сле́дующие слова́ и выраже́ния:

1. Отмеча́ть день рожде́ния; пригласи́ть госте́й; дари́ть пода́рки, цветы́; жела́ть сча́стья и здоро́вья; пригото́вить, накры́ть стол; угоща́ть друзе́й, па́льчики обли́жешь; танцева́ть, ве́село провести́ вре́мя.

2. Го́лоден как волк, мно́го слы́шать о ... , про́бовать (попро́бовать), официа́нт, принести́, меню́, заказа́ть, на заку́ску, на горя́чее, на десе́рт, ча́шечка ко́фе, бока́л шампа́нского, вку́сно, попроси́ть счёт, оплати́ть.

Задание 9. Посмотрите на рисунки. Назовите действующих лиц этой истории. Задайте друг другу вопросы по каждому рисунку. Скажите, что хотел приготовить герой этой истории? Расскажите (напишите) на основе рисунков всю историю. Расскажите (напишите) эту историю от лица одного из героев, скажите, как вы поступили бы на его месте. Придумайте название этой истории.

러시아어 회화 2 | **Урок 8 (восемь)**

Давайте поговорим!

1. Как вы предпочитаете отмечать день рождения: ходить в ресторан или приглашать гостей домой? Почему?
2. Как в вашей семье принимают гостей, что готовят, как накрывают на стол?
3. Кухня какой страны вам особенно нравится? Почему?
4. Какие рестораны популярны у вас в стране и почему?
5. Нравятся ли вам рестораны типа Макдональдс?
6. Почему в последнее время так много вегетарианцев?
7. Как вы относитесь к диетам?

Повторение — мать учения

Слова и словосочетания, которые помогут вам поговорить о питании, особенностях национальной кухни, о ресторанах и кафе

ЕСТЬ/СЪЕСТЬ (ПОЕ́СТЬ) (что?)
ПИТЬ/ВЫ́ПИТЬ (ПОПИ́ТЬ) (что?)
ЗА́ВТРАКАТЬ/ПОЗА́ВТРАКАТЬ; ОБЕ́ДАТЬ/ПООБЕ́ДАТЬ; У́ЖИНАТЬ/ПОУ́ЖИНАТЬ
ЗАМОРИ́ТЬ ЧЕРВЯЧКА́, ПЕРЕКУСИ́ТЬ, ПРОГОЛОДА́ТЬСЯ
ГОТО́ВИТЬ/ПРИГОТО́ВИТЬ (что?)
КОРМИ́ТЬ/НАКОРМИ́ТЬ (кого?)
РЕСТОРА́Н, КАФЕ́, СТОЛО́ВАЯ, БЛИ́ННАЯ, ПИРОЖКО́ВАЯ
ЗАКА́ЗЫВАТЬ/ЗАКАЗА́ТЬ; СДЕ́ЛАТЬ ЗАКА́З
БРАТЬ/ВЗЯТЬ НА ЗАКУ́СКУ, НА ПЕ́РВОЕ, НА ВТОРО́Е, НА ТРЕ́ТЬЕ, НА ДЕСЕ́РТ; НА ГОРЯ́ЧЕЕ, НА ГАРНИ́Р
ЗАКУ́СКИ: САЛА́Т ИЗ ОВОЩЕ́Й (ОВОЩНО́Й, МЯСНО́Й... САЛА́Т), ГРИБЫ́, СОЛЁНЫЕ ОГУРЦЫ́
ПЕ́РВЫЕ БЛЮ́ДА: БОРЩ, ЩИ, КУРИ́НЫЙ СУП, ГРИБНО́Й СУП, РЫ́БНЫЙ СУП, УХА́, ОВОЩНО́Й СУП, БУЛЬО́Н С ПИРОЖКА́МИ, ОКРО́ШКА, РАССО́ЛЬНИК
ВТОРЫ́Е БЛЮ́ДА: КОТЛЕ́ТЫ, ПЕЛЬМЕ́НИ, АНТРЕКО́Т, ЭСКАЛО́П, ГОЛУБЦЫ́, БЕФСТРО́ГАНОВ, РЫ́БА, БЛИНЫ́ С МЯ́СОМ (С ИКРО́Й, С ВАРЕ́НЬЕМ ...), ОЛА́ДЬИ, ШАШЛЫ́К
ГАРНИ́Р: КАРТО́ШКА, МАКАРО́НЫ, РИС, О́ВОЩИ
ДЕСЕ́РТ: МОРО́ЖЕНОЕ, ПИРО́ЖНОЕ, ПИРОЖО́К, ВАТРУ́ШКА
ВАРИ́ТЬ/СВАРИ́ТЬ; ЖА́РИТЬ/ПОЖА́РИТЬ; ПЕЧЬ/ИСПЕ́ЧЬ

СЛА́ДКИЙ, ГО́РЬКИЙ, СОЛЁНЫЙ, КИ́СЛЫЙ, ПРЕ́СНЫЙ, О́СТРЫЙ
(НЕ)ВКУ́СНЫЙ, СЫ́ТНЫЙ, ПРОСТО́Й, ИЗЫ́СКАННЫЙ
СЛАДКОЕ́ЖКА, ОБЖО́РА
ПРИНИМА́ТЬ ГОСТЕ́Й, НАКРЫВА́ТЬ НА СТОЛ
ПРИЯ́ТНОГО АППЕТИ́ТА!
ПА́ЛЬЧИКИ ОБЛИ́ЖЕШЬ!

Используя слова, словосочетания и грамматический материал темы, выполните следующие задания.

Задание 1. Прочитайте текст. Выпишите названия русских блюд, которые вы встретили впервые. Есть ли в вашей национальной кухне подобные блюда?

Ру́сская ку́хня

Ру́сская ку́хня! Вы, коне́чно, слы́шали о ней. Ру́сские рестора́ны есть во всех стра́нах ми́ра.

Что тако́е ру́сская ку́хня, чем она́ отлича́ется от всех други́х, что в ней осо́бенного? Тру́дно отве́тить на э́ти вопро́сы. Ру́сских национа́льных блюд так мно́го, что тру́дно да́же перечи́слить их.

Ну где вы встре́тите таки́е холо́дные заку́ски, как марино́ванные и солёные грибы́, винегре́т, зерни́стая икра́, севрю́га, поросёнок заливно́й, сельдь с гарни́ром!

Пе́рвые блю́да. Для на́шей ку́хни гла́вными явля́ются: щи, борщ и уха́.

Ру́сские о́чень лю́бят щи. Они́ едя́т щи све́жие, щи ки́слые. Что тако́е щи? Э́то суп из капу́сты, там есть немно́го карто́феля, морко́ви и тома́та. Попро́буйте све́жие щи со смета́ной, они́ должны́ понра́виться вам.

Ки́слые щи осо́бенно хороши́ на второ́й день по́сле их приготовле́ния, а све́жие — вкусны́ сра́зу же с плиты́. Борщ гото́вят из овоще́й. В него́ кладу́т свёклу, капу́сту, карто́фель, морко́вь, фасо́ль, помидо́ры, лук, петру́шку, укро́п.

Вторы́е блю́да. Для ру́сской ку́хни характе́рны и ры́бные, и мясны́е, и грибны́е блю́да. Я вам о́чень сове́тую попро́бовать не́которые из них: грибы́ в смета́не, поросёнка с гре́чневой ка́шей, кури́ные котле́ты, гуся́ с я́блоками, пельме́ни.

Что тако́е пельме́ни? Э́то фарш в те́сте. Фарш де́лают из говя́дины, свини́ны, бара́нины. Пельме́ни замора́живают, а пото́м броса́ют в горя́чую во́ду. Че́рез пять мину́т они́ гото́вы. Е́шьте на здоро́вье! Хоти́те — с ма́слом, со смета́ной, с бульо́ном. О́чень вку́сное блю́до.

А вы е́ли блины́? Нет? Обяза́тельно попро́буйте. Блины́ де́лают из муки́, пеку́т на сковороде́, пото́м полива́ют ма́слом. Едя́т блины́ со смета́ной, с ры́бой, с яйцо́м, с зелёным лу́ком, с гриба́ми, с варе́ньем, с икро́й. Икра́ быва́ет чёрная и кра́сная. Чёрная икра́ — э́то деликате́с. Но и кра́сная икра́ о́чень вку́сная.

Ру́сские лю́бят гре́чневую ка́шу. Что э́то тако́е? Э́то тру́дно сравни́ть с чем-нибу́дь. Про́сто на́до попро́бовать гре́чневую ка́шу. О́чень вкусна́ гре́чневая ка́ша с поросёнком.

Ещё я вам сове́тую попро́бовать грибы́. Грибы́ — одно́ из люби́мых блюд ру́сских. Мы де́лаем марино́ванные грибы́, солёные грибы́, жа́реные грибы́, грибно́й суп, пироги́ с гриба́ми. Жа́реные грибы́ едя́т то́лько ле́том, а солёные, марино́ванные — кру́глый год!

(По А. Леонтьеву и В. Костомарову)

Зада́ние 2. Напиши́те анто́нимы для сле́дующих прилага́тельных. Приду́майте с ни́ми словосочета́ния.

Сла́дкий — .... Сы́тный — ....
Горя́чий — .... Варёный — ....
О́стрый — .... Изы́сканный — ....

Зада́ние 3. Определи́те значе́ния вы́деленных слов на осно́ве конте́кста.

1. Наш **сластёна** опя́ть купи́л себе́ торт!
2. Смотри́, како́й он **обжо́ра**! То́лько что поу́жинал, а уже́ де́лает себе́ бутербро́д.
3. Она́ всегда́ была́ **малое́жкой**, поэ́тому така́я худа́я.
4. Тру́дно найти́ рестора́н, кото́рый бы ему́ понра́вился. Он тако́й **гурма́н**!

Зада́ние 4. а) прослу́шайте текст и вы́полните послете́кстовое зада́ние б).

Пе́рвая ви́лка в А́нглии

В 1608 году́ в Ита́лии побыва́л оди́н англича́нин, кото́рого зва́ли Тома́с Кориа́т. Во вре́мя путеше́ствия он писа́л в дневнике́ обо всём, что его́ осо́бенно удивля́ло: и о прекра́сных венециа́нских дворца́х, и о красоте́ мра́морных хра́мов дре́внего Ри́ма, и о знамени́том вулка́не Везу́вий. Но одна́ вещь удиви́ла Кориа́та бо́льше, чем Везу́вий и венециа́нские дворцы́.

В дневнике́ есть така́я за́пись: «Когда́ италья́нцы едя́т мя́со, они́ по́льзуются небольши́ми ви́лами из желе́за или ста́ли, а иногда́ из серебра́. Италья́нцы никогда́ не едя́т рука́ми. Они́ счита́ют, что есть рука́ми нехорошо́, потому́ что не у всех ру́ки чи́стые».

Кориа́т купи́л в Ита́лии таки́е «ви́лы». Ви́лка, кото́рую он купи́л, была́ ма́ло похо́жа на на́ши ви́лки. У э́той ви́лки бы́ло всего́ два зубца́, а ру́чка была́ совсе́м ма́ленькая. Э́тот инструме́нт был похо́ж бо́льше на камерто́н, чем на ви́лку.

Когда Кориат приехал домой, он решил удивить друзей и знакомых своей покупкой. На одном обеде он достал из кармана вилку и начал есть так, как едят итальянцы.

Все с удивлением смотрели на него. А когда он объяснил, что у него в руках, все захотели посмотреть на итальянский инструмент для еды. Дамам понравилась изящная отделка, мужчинам — изобретательность итальянцев, но все решили, что итальянцы большие чудаки и есть вилкой очень неудобно.

Томас Кориат пробовал спорить, доказывал, что нехорошо брать мясо руками, потому что руки не у всех чистые. Но все только возмущались. Неужели мистер Кориат думает, что в Англии никто не моет руки перед едой? Неужели нам мало десяти пальцев, и мы должны добавлять к ним ещё два искусственных пальца?

Кориат хотел показать своё мастерство. Но первый же кусок мяса, который он взял с тарелки, упал с вилки на скатерть. Все начали шутить и громко смеяться.

Прошло лет пятьдесят, и вилки вошли в моду в Англии.

(По М. Ильину)

б) выберите правильный ответ

1. Томас Кориат побывал ...
   - (А) во Франции
   - (Б) в Италии
   - (В) в России

2. Что удивило его больше всего?
   - (А) венецианские дворцы
   - (Б) Везувий
   - (В) вилка

3. Итальянцы никогда не едят руками, потому что ...
   - (А) не у всех руки чистые
   - (Б) это неудобно
   - (В) это некрасиво

4. Томас Кориат начал есть вилкой, так как ...
   - (А) это удобно
   - (Б) на столе не было ложек
   - (В) он решил удивить друзей и знакомых

5. Все решили, что ...
   - (А) вилка очень некрасивый предмет
   - (Б) есть вилкой опасно
   - (В) итальянцы большие чудаки и есть вилкой очень неудобно

6. Все начали смеяться, потому что ...
   - (А) кусок мяса упал с вилки на скатерть
   - (Б) вилка упала
   - (В) он рассказал смешную историю

7. Вилки вошли в моду через ...
   - (А) двадцать лет
   - (Б) пятьдесят лет
   - (В) сто пятьдесят лет

Внеклассное чтение

ЗДОРОВЫЙ АППЕТИТ

Русские любят, чтобы всего было много. Они любят поесть, и слово «диета» для них мало что значит. Если вас пригласит на чашку чая англичанин, вам дадут чашку очень хорошего чая, может быть, вы получите ещё маленькое печенье. Если вас пригласит на чашку чая русский, то лучше перед визитом ничего не есть. Когда вы придёте, вы увидите стол, на котором стоит огромное множество блюд.

Ничего не может быть ужаснее для русского хозяина, чем увидеть, что гости съели всё. Гораздо лучше, если половина осталась на столе, потому что это ясно говорит о том, что больше гости съесть уже не могли.

Трудно назвать блюдо, которое русские едят без хлеба – если на столе нет хлеба, русскому будет казаться, что он плохо поел.

Едят русские три раза в день — завтрак, обед и ужин. Завтрак может, например, состоять из хлеба, каши или макарон, и всегда большое количество чая. Многие сейчас предпочитают на завтрак бутерброды, потому что утром обычно нет времени что-нибудь готовить. Некоторые пьют кофе, но его популярность в последнее время меньше из-за высокой цены. Хороший чай тоже недешёвый, но русские не представляют своей жизни без чая, и каждая хозяйка с гордостью расскажет вам секрет своего особого метода его приготовления.

Плотнее всего русские едят в середине дня. Абсолютно необходимое блюдо — суп. Если на обед нет супа, то это уже не обед. Русские супы совсем не похожи на те странные субстанции, которые подают на Западе в маленьких чашечках. Русским нужны большие тарелки с горячим супом, в который входят капуста, свёкла, морковь и лук, плюс огромный кусок мяса. В суп обязательно кладут сметану. Вот это и есть русский суп. Если вы один раз попробовали его, вы уже никогда не будете есть никакой другой суп, кроме русского.

Но перед супом вам дадут закуску, например, салат из свежих овощей со сметаной или подсолнечным маслом. За супом идёт второе блюдо, которое включает хороший кусок мяса или рыбы с картошкой, варёными овощами, макаронами или рисом. После всего этого вам дадут компот или чай со сладким печеньем. Съев всё это, русский, если он обедал дома, ложится на диван и закрывает лицо газетой.

Вечерняя еда очень напоминает дневную, но без супа. А многие практикуют ещё одну тайную и поэтому безымянную трапезу. В неё входит обычно то, на что упал взгляд, когда человек открыл холодильник.

По праздникам стол отличается не только количеством еды, но и её разнообразием. Здесь может оказаться чёрная и красная икра, солёная и копчёная рыба, множество салатов.

Варенье русские едят тоннами. Летом и осенью в магазинах может исчезнуть сахар, так как все хозяйки в это время начинают варить варенье. Если вы в гостях, вам нужно попробовать хозяйкино варенье, выразить восхищение и попросить рецепт, которых существует миллион.

(по В. Жельвису)

Варенье из клубники

Состав: клубника — 1 кг
сахар — 0,5 кг
вода — 0,5 стакана

Клубнику перебрать, очистить. Сначала приготовить сироп: налить в посуду воду, добавить весь сахар, поставить на сильный огонь, ждать, когда закипит. Потом снять с огня и добавить в сироп ягоды. На слабом огне варить до готовности 30 мин.

Если ягоды клубники очень сочные, можно варить варенье без воды. Вечером положить ягоды на блюдо, добавить половину сахара и поставить на ночь в холодильник. Утром слить сок в посуду для варки варенья, добавить в него остальной сахар и сварить сироп без воды.

varenie.narod.ru

9

ПОРТРЕТ

Задание 1.

Скажи́те, на что мы обраща́ем внима́ние, когда́ опи́сываем вне́шность мужчи́ны? А же́нщины? Каку́ю же́нщину вы назовёте краси́вой? Како́го мужчи́ну вы счита́ете интере́сным? Каки́е черты́ хара́ктера вы це́ните в лю́дях? Что вам не нра́вится? Как вы понима́ете погово́рку: *не роди́сь краси́вой, а роди́сь счастли́вой?*

Ко мне подошёл **челове́к высо́кого ро́ста**.
Ей нра́вятся **мужчи́ны с уса́ми/без усо́в**.
Ря́дом сиде́ла де́вушка **в све́тлом плаще́**.
Е́сли бы я была́ актри́сой, **я бы хоте́ла** сыгра́ть А́нну Каре́нину.

Прочитайте текст. Обратите внимание на выделенные конструкции.

Какая встреча!

Клаус сел на теплоход. Недалеко от него сидела симпатичная молодая девушка. Она ела мороженое и смотрела на людей, которые входили в салон. «Какая хорошенькая! Надо с ней познакомиться», — подумал Клаус. Ему очень нравились блондинки **с голубыми глазами**. В это время девушку кто-то позвал: «Аня, садись сюда!» Клаус увидел молодого человека **с фигурой атлета**. Девушка мило улыбнулась своему другу и села рядом с ним. «Вот так всегда!» — подумал известный немецкий журналист и стал смотреть на тех, кто занимал свои места в салоне теплохода. Вдруг он увидел высокого брюнета **с чёрными усами и бородой**. Около него стояли красивая женщина и двое маленьких детей. Все они говорили по-арабски. «Неужели это Хуссейн?» — подумал Клаус. И он стал внимательно рассматривать эту семью. «Очень похож на Хуссейна! Но Хуссейн никогда не носил бороду. **Если бы он был без тёмных очков, я бы понял**, он это или нет». Детям не сиделось на месте, и они начали бегать по салону. Это были близнецы: девочка и мальчик. Они были **похожи как две капли воды**. Оба кудрявые, смуглые, **с большими карими глазами**. Молодая женщина что-то говорила им по-арабски. Она была **невысокого роста**, стройная, **с приятным лицом** и такими же, как у детей, **тёмными кудрявыми волосами**. «Кажется, они больше похожи на маму», — подумал Клаус.

Экскурсия началась. Теплоход медленно плыл по Фонтанке. «И всё-таки Хуссейн это или не Хуссейн? Этот человек немного полнее. Но и Хуссейн никогда худым не был. **Нос с горбинкой**, как у Хуссейна. Лицо круглое», — ломал голову Клаус. В это время «двойник» Хуссейна повернулся и спросил у экскурсовода по-русски: «Скажите, пожалуйста, а когда закончится экскурсия?» Теперь Клаус не сомневался: это был Хуссейн. Он быстро встал, подошёл к другу и сказал... А вы знаете, что сказал Клаус?

Ответьте на вопросы:

1. Какая девушка понравилась Клаусу?
2. Какой молодой человек позвал её?
3. Кого увидел Клаус потом?
4. Как выглядели мужчина и женщина?
5. На кого были похожи дети?
6. Почему Клаус не сразу понял, что это Хуссейн?
7. Как вы думаете, что они сказали друг другу?

러시아어 회화 | **Урок 9 (девять)**

Éсли я бу́ду худо́жником, я нарису́ю твой портре́т.
Éсли бы я был худо́жником, я бы нарисова́л твой портре́т.

Упражне́ние 1. Зако́нчите предложе́ния.

1. Я бы ста́ла фотомоде́лью, ………………………………………… .
2. Он пое́дет в Петербу́рг, ………………………………………… .
3. Я бы встре́тил твою́ сестру́, ………………………………………… .
4. Кла́ус позвони́т Ива́ну Петро́вичу, ………………………………………… .
5. Éсли бы Хуссе́йн был без очко́в, ………………………………………… .
6. Éсли у меня́ бу́дет вре́мя, ………………………………………… .
7. Éсли бы в воскресе́нье не́ было дождя́, ………………………………………… .
8. Мы бы купи́ли да́чу, ………………………………………… .
9. Éсли бы он был моло́же, ………………………………………… .
10. Éсли бы я был на ва́шем ме́сте, ………………………………………… .

Упражне́ние 2. Измени́те предложе́ния по моде́ли.

Моде́ль: Éсли ты дашь мне свой а́дрес, я напишу́ тебе́ письмо́.
— Éсли бы ты дал мне свой а́дрес, я написа́л бы тебе́ письмо́.

1. Éсли она́ бу́дет мно́го занима́ться, она́ посту́пит в университе́т.
2. Éсли ты не бу́дешь мне меша́ть, я зако́нчу рабо́ту во́время и мы пойдём гуля́ть.
3. Я расскажу́ вам об э́том, е́сли вам э́то бу́дет интере́сно.
4. Мы пое́дем отдыха́ть на юг, е́сли у нас бу́дет о́тпуск ле́том.
5. Éсли ты вы́йдешь из до́ма в 9.15, ты не опозда́ешь на по́езд.
6. Éсли у меня́ бу́дет дочь, я назову́ её Ка́тей, а е́сли у меня́ бу́дет сын, я назову́ его́ Кири́ллом.
7. Éсли вы познако́митесь с биогра́фией Набо́кова, вы бу́дете лу́чше понима́ть его́ тво́рчество.
8. Éсли ты бу́дешь смотре́ть э́тот фильм внима́тельно, ты обяза́тельно обрати́шь внима́ние на рабо́ту опера́тора.

Готовимся к разговору

Задание 1. Объясните, что значат следующие слова:

Модель: голубоглáзый человéк — человéк с голубы́ми глазáми

1. усатый; 2. длинноносый; 3. светловолосый; 4. круглолицый; 5. сероглазый; 6. чернобровый; 7. кривоногий; 8. бородатый; 9. розовощекий

Задание 2. Подберите антонимы к данным словосочетаниям.

большие глаза — ....   прямые волосы — ....
человек высокого роста — ....   он полный — ....
густые волосы — ....   широкое лицо — ....
тонкие губы — ....   смуглое лицо — ....

Задание 3. Добавьте известные вам определения к данным словам.

Рост — высокий, ...
Фигура — стройная, ...
Волосы — светлые, прямые, ...
Лицо — круглое, смуглое, ...
Глаза — большие, карие, ...
Нос — длинный, ...
Лоб — высокий, ...

Задание 4. Как вы думаете, сколько лет людям, если о них говорят: *молодой человек; старик; женщина средних лет; девочка; девушка; пожилой мужчина; старушка; мальчик.*

러시아어 회화 2 | **Урок 9 (девять)**

Задание 5. Посмотрите на рисунки. Скажите, как вы опишете этих людей по характерным деталям их внешности и одежды, используя конструкции, данные на стр. 127, 136—137.

Задание 6. Посмотрите на рисунки. Напишите названия предметов одежды и обуви. Незнакомые слова посмотрите в словаре.

юбка
тапочки
перчатки
платье
жакет
платок
плащ
сапоги
шуба
куртка
шорты
халат
туфли
костюм
кофта
блузка

костюм
шарф
пиджак
кроссовки
шапка
галстук
куртка
свитер
жилет
пальто
рубашка
брюки
ботинки
джинсы
футболка

Он но́сит шля́пу. — Он хо́дит в шля́пе.
Он наде́л пальто́. — Он снял пальто́.
Она́ одева́ется со вку́сом.
Ты сли́шком легко́ (тепло́) оде́т.
Эта ю́бка мне мала́. — Эти ту́фли мне велики́.

Задание 7. Прочитайте диалоги про себя, обратите внимание на выделенные слова и словосочетания, типичные для русской разговорной речи. Прослушайте диалоги в записи. Прочитайте их вслух. Дайте словесный портрет героев диалогов на основании их вкусов и предпочтений в одежде.

Диалог 1

Маша: Алло! Добрый день! Позовите, пожалуйста, Кристину.
Кристина: Это я. Привет, Маша.
Маша: Кристина, у меня есть **билет** в Мариинский театр **на «Евгения Онегина»**. Пойдёшь со мной?
Кристина: С удовольствием. Только... Я не знаю, что надеть. Ты же знаешь, я всегда ношу джинсы и свитера. А ведь в таком виде в **театр не пойдёшь**!
Маша: Да, в джинсах ходить в театр **не принято**. Но у тебя ведь есть красивые серые брюки и нарядная белая блузка. Помнишь, ты была в ней в гостях у Максима?
Кристина: О, точно. **Тем более,** что недавно я купила очень красивые туфли. Они очень подойдут к этим брюкам. А ты в чём пойдёшь?
Маша: Ой, я ещё не думала. Наверное, в юбке и кофточке, хотя... Может быть, надену платье. Маленькое чёрное платье. Правда, не от Шанель, но **тоже ничего**.
Кристина: Представляю, какой ты будешь красавицей. Ты всегда так модно одеваешься!
Маша: Стараюсь. Ты же знаешь, где я работаю и какой у меня начальник. Он считает, что секретарь — это лицо фирмы. **Ну, ладно.** Встречаемся завтра в 6.30 около театра.
Кристина: Хорошо. Спасибо за приглашение. Пока.

Диалог 2

Коля: Жан, привет! Куда идёшь? На улице такой мороз, **зуб на зуб не попадает**, а ты так легко одет!

Жан: Здравствуй, Коля. Да, настоящая русская зима. Вот и иду в магазин, хочу купить тёплую куртку и зимнюю шапку.

Коля: Давай я схожу с тобой, помогу выбрать.

Жан: О, это было бы здорово! Ты мне посоветуешь, что лучше.

В магазине

Коля: Жан, смотри, какая отличная куртка! На натуральном меху! И размер, кажется, твой.

Жан: Да, она мне тоже очень нравится. Но боюсь, такая куртка **мне не по карману**. Кроме того, я бы не хотел ни меховую, ни кожаную.

Коля: Тогда примерь вот эту. Она очень практичная и тёплая. Сейчас многие носят такие. Мы называем это **пуховик**.

Жан: Мне нравится, только цвет не мой. Нет ли такой посветлее?

Коля: А вот, смотри. Есть бежевая. Подходит?

Жан: Мой сорок восьмой размер, а мала. Странно...

Коля: Слушай, а ведь у нас совсем другие размеры! Мне кажется, что тебе нужен наш пятьдесят второй. Примерь вот эту.

Жан: Вот эта куртка **как раз**. К такой любая **шапка подойдёт**. Берём!

Задание 8. **Скажите, кто как был одет.**

Надя ходила в театр	в джинсах и свитере
Лена надела на концерт	галстук
Сергей был на дискотеке	в новом платье
Люда пришла в гости	со вкусом
Илья Сергеевич всегда носит	юбку и блузку
Аня одевается	в брючном костюме

러시아어 회화 2 | **Урок 9 (девять)**

Задание 9. **Составьте диалоги на основе предложенных ситуаций.**

— Зимой вы едете на Байкал, но не знаете, какая там погода. Посоветуйтесь с другом, который живёт в Иркутске, какую одежду вам взять.

— Вы купили новый серый костюм. Посоветуйтесь с продавцом, какой галстук к нему подойдёт.

— Ваш друг едет летом в Петербург и берёт с собой только шорты и футболки. Убедите его, что это не совсем подходит для петербургского климата.

— Ваш друг собирается пойти в Мариинский театр в джинсах и кроссовках. Убедите его в том, что это не совсем уместно.

Задание 10. **Посмотрите на картины известных русских художников. Опишите людей, изображённых на них.**

И.Н. Крамской.
Портрет художника
И.И. Шишкина

Б.М. Кустодиев.
Портрет
Ф.И. Шаляпина

З.Е. Серебрякова.
Автопортрет

А.М. Шилов.
Зацвёл багульник

Давайте поговорим!

1. Как вы понимаете выражения: «встречают по одёжке — провожают по уму» и «одет с иголочки»?

2. Считаете ли вы, что необходимо одеваться модно?

3. Что важнее — мода или комфорт?

4. Что такое молодёжная мода? Что вам в ней нравится и не нравится?

5. Как вы думаете, почему так популярны во всём мире демонстрации мод, так называемые дефиле?

6. Считаете ли вы, что фотомодель — это профессия?

7. Согласны ли вы со словами А.С. Пушкина: «Быть можно дельным человеком и думать о красе ногтей»?

8. Какой будет мода через 20 лет?

Повторение — мать учения

Слова и словосочетания, которые помогут вам поговорить о внешности человека и его одежде

ДЕ́ВОЧКА, ДЕ́ВУШКА, МОЛОДА́Я ЖЕ́НЩИНА, ЖЕ́НЩИНА СРЕ́ДНИХ ЛЕТ, ПОЖИЛА́Я ЖЕ́НЩИНА, СТАРУ́ШКА

МА́ЛЬЧИК, МОЛОДО́Й ЧЕЛОВЕ́К, МУЖЧИ́НА СРЕ́ДНИХ ЛЕТ, ПОЖИЛО́Й МУЖЧИ́НА, СТАРИ́К

ЧЕЛОВЕ́К (МУЖЧИ́НА, ЖЕ́НЩИНА) ВЫСО́КОГО (НЕВЫСО́КОГО, СРЕ́ДНЕГО, МА́ЛЕНЬКОГО) РО́СТА

ЧЕЛОВЕ́К (МУЖЧИ́НА) С УСА́МИ (С БОРОДО́Й), С ФИГУ́РОЙ АТЛЕ́ТА

ЧЕЛОВЕ́К ПО́ЛНЫЙ (ХУДО́Й)

НОСИ́ТЬ БО́РОДУ (УСЫ́)

ЧЕЛОВЕ́К (МУЖЧИ́НА, ЖЕ́НЩИНА) В ПЛАЩЕ́ (В КОСТЮ́МЕ, В СВИ́ТЕРЕ, В ОЧКА́Х И Т.Д.)

БЛОНДИ́Н(КА), ШАТЕ́Н(КА), БРЮНЕ́Т(КА)

ДЕ́ВУШКА (МОЛОДО́Й ЧЕЛОВЕ́К, ЖЕ́НЩИНА) С ГОЛУБЫ́МИ (КА́РИМИ, ЧЁРНЫМИ, СЕ́РЫМИ) ГЛАЗА́МИ

ГЛАЗА́ БОЛЬШИ́Е (МА́ЛЕНЬКИЕ)

ВО́ЛОСЫ КУДРЯ́ВЫЕ (ПРЯМЫ́Е), ДЛИ́ННЫЕ (КОРО́ТКИЕ)

ВО́ЛОСЫ СВЕ́ТЛЫЕ (ТЁМНЫЕ), ГУСТЫ́Е (РЕ́ДКИЕ)

ЛИЦО́ КРУ́ГЛОЕ (ДЛИ́ННОЕ, ПО́ЛНОЕ, ШИРО́КОЕ), СМУ́ГЛОЕ (БЛЕ́ДНОЕ)

НОС С ГОРБИ́НКОЙ (ПРЯМО́Й, ДЛИ́ННЫЙ, КУРНО́СЫЙ)
ГУ́БЫ ТО́НКИЕ ↔ ПУ́ХЛЫЕ
ЛОБ ВЫСО́КИЙ ↔ НИ́ЗКИЙ
ЖЕ́НСКАЯ ОДЕ́ЖДА: ПЛА́ТЬЕ, Ю́БКА, БЛУ́ЗКА, КО́ФТА, ШУ́БА
МУЖСКА́Я ОДЕ́ЖДА: РУБА́ШКА, ПИДЖА́К, ГА́ЛСТУК
ЖЕ́НСКАЯ, МУЖСКА́Я ОДЕ́ЖДА: ДЖИ́НСЫ, БРЮ́КИ, ШО́РТЫ, ФУТБО́ЛКА, ДЖЕ́МПЕР, СВИ́ТЕР, ЖИЛЕ́Т, ХАЛА́Т, ЖАКЕ́Т, ПАЛЬТО́, ПЛАЩ, ДУБЛЁНКА, ПУХОВИ́К, КОСТЮ́М
ЖЕ́НСКИЕ, МУЖСКИ́Е БОТИ́НКИ, ТУ́ФЛИ, САПОГИ́, ТА́ПОЧКИ, КРОССО́ВКИ
ОНА́ ОДЕ́ТА, ОН ОДЕ́Т СО ВКУ́СОМ, ЛЕГКО́ ↔ ТЕПЛО́
НАДЕВА́ТЬ/НАДЕ́ТЬ — СНИМА́ТЬ/СНЯТЬ ПАЛЬТО́, КУ́РТКУ, КОСТЮ́М, СВИ́ТЕР
НОСИ́ТЬ БРЮ́КИ, СВИ́ТЕР, ОЧКИ́
ПЛАЩ, ДЖЕ́МПЕР МАЛ ↔ ВЕЛИ́К
ПАЛЬТО́ МАЛО́ ↔ ВЕЛИКО́
КУ́РТКА, Ю́БКА МАЛА́ ↔ ВЕЛИКА́

Используя слова, словосочетания и грамматический материал темы, выполните следующие задания.

Задание 1. **Опишите ваши действия в данных ситуациях по модели.**

Модель: Если бы я был кинозвездой, я каждый день давал бы интервью.
Если я стану кинозвездой, я каждый день буду давать интервью.

1. Вы вы́играли миллио́н е́вро.
2. Вы оказа́лись на необита́емом о́строве.
3. Вы президе́нт свое́й страны́.
4. Маши́на вре́мени перенесла́ вас в 19 век.
5. Вы ста́ли на 10 лет моло́же.

Задание 2. **Подберите слова, пропущенные в тексте.**

Моя́ сестра́ Ка́тя о́чень краси́вая. У неё … … глаза́, … … во́лосы, … нос, … лоб. Она́ … ро́ста, 174 см, о́чень … — ве́сит то́лько 58 кг. Когда́ я ви́жу её … улы́бку, мне то́же хо́чется смея́ться. Ка́тя одева́ется со вку́сом. На рабо́ту она́ обы́чно хо́дит в …… . До́ма но́сит … и … . А в теа́тр и́ли на конце́рт обы́чно надева́ет … и ……. На́ша мла́дшая сестра́ во всём хо́чет быть похо́жей на Ка́тю. Неда́вно она́ попроси́ла ма́му купи́ть ей таку́ю же элега́нтную … и чёрные …, как у Ка́ти.

Задание 3. Расскажите (напишите), как, на ваш взгляд, выглядит:

а) типи́чная учи́тельница;
б) типи́чный полице́йский;
в) типи́чная фотомоде́ль;
г) типи́чный журнали́ст?

Задание 4. Как одет человек, если о нем говорят:

Он одева́ется мо́дно.
Он одева́ется безвку́сно.
Он одева́ется экстрага́нтно.
Он одева́ется старомо́дно.
Ему́ нра́вится спорти́вный стиль.

Задание 5. Хорошо ли вы знаете мужскую и женскую психологию? Дайте в письменной форме аргументированные ответы на вопросы теста.

Мужчина или женщина?

1. Он и она едят конфеты. Кто из них ест всю конфету сразу, а кто — кусает, чтобы узнать, что внутри?

2. Идёт разговор о том, надо ли летать в космос, если на Земле столько серьёзных проблем. Кто-то из гостей не согласен с этим и говорит: «Мне бы очень хотелось полететь туда!» Другой отвечает: «Космос может подождать!» Кто так считает?

3. Муж и жена смотрят телевизор. В соседней комнате спит больной ребёнок. Кто — он или она — говорит: «Не волнуйся! Врач сказал, что малыш скоро поправится»?

4. Семейный праздник. Муж и жена обедают в ресторане. Кто из них закажет что-нибудь экзотичное, необычное, а кто возьмёт привычное любимое блюдо?

5. В магазине рекламируют новую продукцию. Кто подойдёт посмотреть её, а кто пойдёт к традиционным товарам?

6. В отделе одежды один просит показать конкретные вещи, знает, какой фасон и цвет ему нужен. Другой не знает точно, что хотел бы купить. Кто он и кто она?

7. В автомобиле почти нет бензина. Впереди бензоколонка. Кто предлагает остановиться, а кто решает ехать дальше, потому что эта бензоколонка ему почему-то не нравится?

8. В незнакомом городе он и она заблудились. Кто предлагает спросить дорогу у прохожих, а кто уверен, что они сами найдут нужную улицу?

9. Три машины ждут зелёного сигнала светофора. Одна из них стартует первой. Кто водитель — мужчина или женщина?

Внеклассное чтение

Виктория Токарева — известная российская писательница, которая признана и любима не только как автор живых, ярких, пронизанных тонким психологизмом и иронией рассказов, но и как сценарист. Её любимое занятие — «жонглировать словами», добиваясь точного соответствия содержания произведения и его языковой формы. Токарева считает себя ученицей А.П. Чехова, поэтому, несмотря на успехи в кинематографе, любит повторять: «Сценарии — моя профессия, а проза — моя любовь».

ПАША И ПАВЛУША

Паша был лыс, голова — как кабачок. Но красота для мужчины имеет значение только в Испании. А у нас ценятся другие качества. Эти другие качества у Паши были. Паша был хороший человек.

Сейчас говорят: хороший человек — не профессия. Паша окончил педагогический институт, «дефак» — отделение для дефективных детей. Платили лучше, чем в обычных школах. Но Паша работал в ШД (школа дураков) не за деньги. Он любил этих детей. Чувствовал с ними внутреннее родство. Они были близки к природе, открыто выражали свои чувства. Подходили к Паше, гладили его по руке и по лицу и говорили: «Ты хороший». Они были доверчивы безгранично, им и в голову не приходило, что их обидят или обманут.

Паша учил их простым вещам: отличать копейку от пуговицы; объяснял, зачем копейка, а зачем пуговица. Из группы ГО (глубоко отсталых) Паша вытаскивал в жизнь совершенно адаптированных людей. Мальчики служили в армии, девочки работали на швейных фабриках.

Жил Паша в коммуналке, но в центре. Мама получила эту комнату ещё до войны. Комната большая — сорок восемь метров. Мама умерла, и Паша остался один в большой и пустоватой комнате.

Паша не был женат. Ему нравились девушки красивые и смелые. Но красивым и смелым девушкам нравились другие мужчины. Эти другие жили не в коммуналке, работали не в ШД. Красивым и смелым нравились такие, как Павлуша.

Несколько слов о Павлуше. Паша и Павлуша дружили с шестого класса, с тринадцати лет. Оба они были Павлами, и, чтобы не путать, одного звали Паша, другого — Павлуша. Павлуша был красивым ребёнком, потом красивым юношей, потом красивым мужчиной. У него были чёрные волосы, как у сицилийца, ярко-синие глаза и короткие зубы. Вообще иметь такие зубы некрасиво, но у Павлуши и этот недостаток выглядел как достоинство.

После института Павлуша ушёл в автосервис. Он любил деньги, как их там называли, «бабки». Но не сами «бабки», а то, что на них можно обменять: красивую одежду, технику, еду, женщин.

У Павлуши была прекрасная фигура человека, занимающегося спортом.

«Спорт, бизнес и секс» — вот была его программа. С восемнадцати до тридцати шести лет он поменял трёх жён — по шесть лет на каждую. Все Павлушины жёны родили ему по ребёнку. У него было трое здоровых, красивых детей.

К тридцати шести годам Паша и Павлуша были холосты.

В один из солнечных июльских дней Павлуша сидел в городе Сочи, в гостинице с красивым названием «Камелия». Павлуша любил бывать летом на море. А Паша ругался с директором школы Алевтиной Варфоломеевной Панасюк. Учителя звали её Панасючка. Она отменила в третьем классе урок литературы и заставила детей убирать территорию. Паша спросил, почему она это сделала. Панасючка ответила, что урок всё равно не сделает детей умнее — пусть лучше подышат воздухом. Паша сказал, что дело сейчас не в детях, а в педагогах. Панасючка внимательно выслушала и заметила, что такое демагогическое критиканство свойственно только пенсионерам. Паша вышел из кабинета и хлопнул дверью, вложив в этот удар весь свой протест.

Паша вышел из школы и двинулся пешком в неопределённом направлении. Когда у человека заболевает душа, надо поддержать её духовным витамином. Паша пошёл на выставку художников. Художники были современные, сегодняшние. Паша переходил от картины к картине и думал: как всё-таки много талантливых людей на земле. И в это время он увидел её. Длинная юбка, длинная чёрная кофта; вид то ли домашний, то ли супермодный. Паша в этом плохо разбирался. Белый ворот блузы около нежных щёк. Так могла выглядеть поэтесса-декадентка двадцатых годов.

Впоследствии выяснилось, что её зовут Марина.

Несколько слов о Марине. Ей тридцать два года. Возраст проб и ошибок. Последняя «ошибка» повернулась и ушла, вернее ушёл. А ещё вернее, сел в машину и уехал. Марине захотелось догнать его, схватить за руку. Она позвонила ему на работу. Он был вежлив и доброжелателен. Марина поняла: он свободен от неё. Марина перестала есть, спать, появилась сухость во рту. Она поняла — надо спасать себя.

Марина смотрела на картины и составляла схему выживания: выйти замуж, научиться водить машину, путешествовать по стране.

Сзади, как пришитый, ходил за ней гологоловый человек. Может быть, это он будет сменять её за рулём, покупать абрикосы вёдрами. Это лучше, чем закрыться в своей квартире и реветь от ревности и тоски.

Марина пошла в другой зал. Паша обречённо двинулся за ней. Она остановилась и прямо посмотрела в его серые глаза. Паша встретил её взгляд с решимостью фанатика.

— Что вы за мной ходите? — спросила Марина.
— Мне это нравится, — ответил Паша с той же решимостью.
— А мне нет.
— К сожалению, я ничем не могу вам помочь. Я все равно буду ходить за вами.

Марина стояла и не двигалась. Стояла его судьба, и Паша понимал, что многолетний поиск завершён.

Павлуша уже неделю жил в Сочи. Это было его время: теннис во второй половине дня, вечерние купания плюс к дневным и утренним. А скоро и друг детства приедет — Паша, божий человек. Невесту себе нашёл, едет отдыхать с невестой.

Паша и Марина приехали утром. Павлуша сразу отметил про себя нетипичность невесты друга. А всё непонятное интереснее, чем понятное. Интерес звал к действиям. Павлуша решил организовать вечером шашлык. Он предложил Марине поехать с ним на базар в качестве консультанта. Марина приняла приглашение.

Базар — это что-то вроде этнографического музея, и понять город можно, только побывав на его базаре. Накупив всё, что нужно, они вышли на площадь, где стояла машина Павлуши.

— Забыл! — вдруг сказал он. — Подождите секундочку.

Марина осталась ждать. «Если он купит цветы….» — загадала она. Павлуша появился с гвоздиками. Их было не пять и не семь. Их было минимум сорок девять или пятьдесят одна, крупные, ярко-красные.

— Спасибо, — сказала Марина и подняла на него глаза.

Павлуша стоял перед ней — одет, как надо. Смотрит, как надо. В глазах — что надо. Тот. Весь, от начала до конца.

Сели в машину. Все было, как и час назад: дома, люди. Но всё вдруг наполнилось красками и смыслом. Смыслом жизни. Павлуша вдруг развернул машину и поехал куда-то в неопределённую сторону, к морю, к большим камням, к водорослям.

О Паше Марина не думала. Она отодвинула его, как ещё одну пробу и ещё одну ошибку.

Павлуша о Паше не забыл. Он любил Пашу. Наверное, это единственный человек из его прошлого, которого он любил и знал за что. Павлуша любил

Пашу, но в эту минуту не считал, что обкрадывает его. Ему почему-то не было стыдно. Не было — и всё.

Марина вспомнила про Пашу только тогда, когда его увидела. У Паши были испуганные глаза.

— А мы думали, вы в аварию попали. Я хотел в милицию бежать.

— А мы и попали! — сказал Павлуша и засмеялся.

После шашлыков Павлуша и Марина исчезли. Паша пошёл на море, потом побежал в гостиницу. Где-то около шести утра понял, что его обманули.

Паша возненавидел. Это чувство стало его «генералом» и командовало им все летние месяцы. Осенью он вернулся в школу. Все сказали, что он похудел и загорел. Он не загорел, а потемнел и подсушился на огне ненависти. У него поменялось выражение глаз, и дети на его уроках сидели очень тихо. Боялись. Раньше они не хотели его огорчать, а теперь боялись. Казалось, что он может ударить.

Прошло четыре года. Паша взял отпуск и поехал в пансионат. Утром он увидел соседей по столу. Это были Марина и трёхлетний мальчик — кудрявый, большеглазый, с короткими зубами. Точная копия Павлуши. Марина искренне удивилась встрече. Она изменилась: поправилась и побледнела. Румяна вместо румянца. Вместо белой кофты — чёрная синтетика, чтобы реже стирать.

Официантка принесла борщ. Паша взял ложку и стал есть. Он почувствовал себя свободным от Марины. Надо было её увидеть, чтобы всё прошло за одну минуту. Так же, как мгновенно влюбился, — так же мгновенно освободился от неё. И даже жалко стало, что страдал так долго. «Дурак», — подумал Паша.

Марина кормила Павлушу. Он капризничал и не ел.

— Съешь ложечку за дядю Пашу, — просила Марина.

— Пусть съест за папу, — сказал Паша.

— А он его не знает, — проговорила Марина.

Паша хотел спросить: почему? Но сдержался. Должно же быть уважение к собственным страданиям. Он встал из-за стола, не дожидаясь второго.

Дни проходили один за другим. Утром Паша завтракал у себя в номере сыром и помидорами. Днём ездил в шашлычную.

Однажды Паша выходил из моря и увидел Павлушу. Он стоял в воде и плакал. Марины не было.

«Ну вот, родили на мученье, — подумал Паша. — Не нужен никому».

Вечером Паша собрался в кино. К нему постучали. «Кто бы это?» — подумал Паша. За дверью стояла Марина.

— У меня к тебе просьба. Ты не мог бы посидеть с Павлушей? То есть сидеть не надо. Ты живи своей жизнью, а я открою дверь в его комнату. Если он проснётся, войди и поноси его на руках.

— А где твоя комната? — не понял Паша.

— Рядом с твоей. Твоя одиннадцатая, а моя тринадцатая. Я скоро приду, часов в двенадцать. Не позже.

Она решила взять судьбу в свои руки и успеть до двенадцати.

— Ладно, — сказал Паша.

Она поцеловала его в щеку. Это был поцелуй-унижение. И Паша сказал:

— Не вибрируй. Успокойся. Ты же женщина.

Марина повернулась и пошла по коридору, и ему казалось, что идти ей очень неудобно. А идти придётся далеко и долго.

Павлуша спал на животе. Он был совсем мал. И всё время на краю: что ему стоит войти в море, а там волна подтолкнёт... Много ли ему надо...

Паша вернулся к себе. Лёг, не раздеваясь, стал читать книгу о Хемингуэе, потом задремал. Проснулся от крика. В его номер — босиком и в пижаме — вбежал Павлуша. Паша вскочил, схватил ребёнка, ощущая его лопатки, как крылышки.

— Не уходи. Я боюсь, — заплакал Павлуша.

— Я спать хочу.

— Давай спать вместе.

Паша подумал, потом положил малыша в кровать и лёг рядом.

Марина вернулась не в двенадцать, как обещала, а в два. Зашла в комнату к Паше.

— Вы спите? Ну ладно, не буду мешать.

Марина пошла к себе. Она сняла одежду и не стала смывать косметику. Не было сил. Да и какая разница?

Если раньше она могла пойти страдать на выставку, то сейчас... Какая там выставка! Связана по рукам и ногам. В детском саду Павлуша болел. Два дня ходит, неделю дома сидит. В магазин и то не сходишь.

Она вспомнила, как час назад сидели на берегу, запивали шашлык сухим вином. Как когда-то, так и теперь. Всё повторяется. Только тогда она была нужна всем, а сейчас никому. Ни они ей, ни она им. И всё время в голове Павлуша.

В тишине заскребла мышь. Марина с детства боялась мышей. Она встала, взяла одеяло, подушку и пошла в комнату к Паше. Легла. Паша и Павлуша не пошевелились.

Марина больше не боялась. Рядом были Паша и Павлуша. Большой и маленький. Большой защитит её, а маленького — она. Так, наверное, и выглядит конечная станция, когда в твоей жизни есть большой и маленький.

(по В. Токаревой)

10

ТЕАТР. КИНО

Задание 1. Ответьте на вопросы.

Вы любите театр? Какие театры вы любите больше — музыкальные или драматические? В каких российских театрах вы уже побывали? Нравится ли вам опера? А балет? Часто ли вы ходите в кино? У вас есть любимые фильмы? Кто ваш любимый актёр, актриса? Кинематограф какой страны, с вашей точки зрения, сейчас самый популярный? Как вы понимаете выражение: *восходящая звезда экрана?*

> Я **фотографирую** друзей. — Друзья **фотографируются**.
> Я давно **не виделся** с друзьями.
> Я **восхищаюсь** этим человеком.
> Он всегда **смотрит** программу «Время».
> Ты уже **посмотрел** этот новый фильм?

Задание 2. Прочитайте текст. Обратите внимание на выделенные конструкции.

В театре

Быть в Петербурге и не побывать в театре? Это просто невозможно. Так же подумали Клаус и Хуссейн. «Мириам первый раз в Петербурге. Она всегда хотела послушать оперу. Давай пойдём в Мариинский театр», — предложил Хуссейн. Они купили билеты в театральной кассе и вечером все вместе пошли на оперу «Князь Игорь». Около театра стояли люди: кто-то ждал подругу и нетерпеливо смотрел на часы, кто-то пытался купить билет с рук, спрашивая каждого прохожего: «У вас нет лишнего билета?» А у наших друзей билеты были отличные, в пятом ряду партера. Они вошли в фойе, разделись, купили программки и пошли в зал. Огромный зал удивил их своей красотой. Прекрасная хрустальная люстра, синие удобные кресла партера, золотые балконы бельэтажа и ярусов. Всё было нарядно, ярко, великолепно. «Это как в сказке! — восхищалась Мириам. — Я бы хотела это сфотографировать. Как жаль, что дети ещё маленькие и их нельзя брать на вечерние спектакли!» Друзья сели на свои места и стали читать программку. Хуссейн начал переводить жене либретто: «В древнем русском городе Путивле князь Игорь собирается на войну с половцами. Народ провожает князя. Неожиданно становится темно. Это начинается солнечное затмение. Люди считают, что это плохой знак, и советуют Игорю остаться. Об этом умоляет его и жена Ярославна. Но Игорь не соглашается. Он просит брата Ярославны заботиться о ней и уходит на войну. Но брат хочет сам быть князем. Пока нет Игоря, он пьянствует, обижает жителей, похищает девушку. Её подруги идут к Ярославне и просят помочь. Но Ярославна не может повлиять на брата, он не слушает её.

Жители города узнали, что Игорь с сыном в плену у половцев, которые подходят к городу.

Вечер у половцев. Девушки танцуют перед дочерью хана, которая полюбила сына князя Игоря — Владимира. Хан уважает Игоря, потому что Игорь смелый и благородный. Он обещает отпустить князя, если тот не будет воевать против половцев.

Игорь узнаёт, что Путивль в опасности, и решает убежать. Но дочь хана слышит разговор и просит Владимира не оставлять её. Владимир любит её, но остаться не может. Тогда она будит весь лагерь половцев. Игорю удаётся бежать. Половцы задерживают Владимира и хотят убить, но хан говорит, что это его зять, и спасает сына князя.

Раннее утро. В Путивле плачет Ярославна. Она просит ветер, солнце и Днепр, чтобы они вернули ей Игоря.

Игорь возвращается. Народ приветствует своего князя».

Пока друзья читали либретто, оркестранты начали занимать свои места, пришёл дирижёр, и спектакль начался. Как прекрасно поют артисты! Какая великолепная игра!

Во время антракта Клаус предложил пойти в буфет. **Они** взяли кофе с пирожными, погуляли по фойе, **сфотографировались** на фоне прекрасных интерьеров. Прозвенел звонок, и началось следующее действие. Невозможно забыть знаменитые половецкие пляски — танцы талантливой балетной труппы театра. А декорации?! Да, здесь работают настоящие мастера своего дела.

Спектакль закончился, но не кончаются аплодисменты... Великая сила искусства. «Давайте завтра опять пойдём в театр! — говорит жена Хуссейна. — Теперь я хочу посмотреть балет!»

Ответьте на вопросы:

1. Почему друзья решили купить билеты на оперу?
2. Что значит «купить билеты с рук»?
3. Где сидели Клаус, Хуссейн и Мириам?
4. Почему Мириам сравнила зал театра со сказкой?
5. Какую оперу они слушали?
6. О чём она?
7. Что они делали во время антракта?
8. Куда предложила сходить на следующий день жена Хуссейна?

Упражнение 1. Вместо точек употребите нужный глагол.

1. Она ... меня со своим другом в прошлом году. Я была рада с ним	познакомить — познакомиться
2. Нам надо ... и поговорить. Если ты ... его, скажи, чтобы он позвонил мне.	встретить — встретиться
3. Мой сын ещё очень маленький. Он не умеет сам ... . В детском саду его ... воспитательница.	раздевать — раздеваться
4. Я ... тебе отдохнуть в Карелии. — Я ... с родителями, и они сказали мне то же самое.	советовать — советоваться
5. Дверь плохо ... . Я ... её с большим трудом.	закрывать — закрываться
6. Брат ... сестру. Сестра ... на брата.	обидеть — обидеться
7. Мы хотели ... такси, но машина не ..., потому что в ней сидели пассажиры.	остановить — остановиться
8. Сначала она ... детей, а потом ... сама.	вымыть — вымыться

Обратите внимание!

Выделенные глаголы никогда не употребляются без частицы **-ся**:

Де́вочка бои́тся темноты́.

Я сомнева́юсь в его́ компете́нтности.

Нельзя́ смея́ться над чужи́ми оши́бками.

Мы наде́емся на успе́х.

С ва́ми тру́дно согласи́ться.

Как ты к нему́ отно́сишься?

Роди́тели гордя́тся свои́м сы́ном.

Он забо́тится о свое́й ба́бушке.

Упражнение 2. Зада́йте вопро́сы от вы́деленных вы́ше глаго́лов к существи́тельным, обрати́те внима́ние на предло́ги. Запиши́те эти вопро́сы. Соста́вьте с глаго́лами свои́ предложе́ния.

Моде́ль: Девочка боится темноты. — Чего боится девочка?

Упражнение 3. Прочита́йте слова́, напиши́те соотве́тствующие им глаго́лы.

Моде́ль: чтение — ...

чтение — читать

отношение — ....

сомнение — ....

решение — ....

увлечение — ....

повторение — ....

учение — ....

основание — ....

рисование — ....

задание — ....

желание — ....

Упражнение 4. а) Проанализируйте таблицу. Обратите внимание на значения видов глагола.

Несовершенный вид	Совершенный вид
1а) Мой брат путешествует по Уралу. 1б) Всё лето студенты отдыхают. 1в) Каждый день я делаю домашнее задание.	
1а) Что вы делали вчера? 1б) Я долго переводил этот текст. 1в) По средам мы смотрели сериал, раньше мы его не смотрели.	2а) Сначала мы посмотрели фильм, а потом пошли ужинать. 2б) Я наконец перевёл этот текст. 2в) Я уже посмотрел этот сериал.
1а) Завтра Наташа будет сдавать экзамен. 1б) Он будет читать роман два дня. 1в) Раз в неделю я буду тебе звонить.	2а) Когда она сдаст экзамен, мы пойдём в кафе. 2б) Он наконец прочитал роман. 2в) В 5 часов я тебе позвоню.

б) Прочитайте предложения, определите значение вида глагола. При ответе называйте только номер соответствующего значения.

1. Я часто звоню родителям.
2. Вчера я посмотрел прекрасный балет.
3. Все студенты нашей группы очень хорошо отвечали на экзамене.
4. Мой друг ответил лучше всех.
5. Зимой я отдыхал на горном курорте.
6. Мы купили новый телевизор.
7. Он работал в библиотеке два часа.
8. Этот концертный зал построили в прошлом году.
9. Он никогда не опаздывает.
10. По утрам я пью кофе.

Упражнение 5. Как правильно:

рассказывать или рассказать?

Вчера Алёна ... нам очень смешной анекдот. Она отлично ... анекдоты.

приглашать или пригласить?

Виктор ... Машу на концерт. Он часто ... её в театры, на концерты и на выставки.

Урок 10 (десять)

отдыхáть — отдохнýть?

Кáждый год мы ... на ю́ге. В э́том годý мы ... под Москвóй, мы óчень хорошó ... там.

игрáть — сыгрáть?

Вы смотрéли вчерá футбóл? Как ... вáша комáнда? Плóхо? А в прóшлом годý они́ ... так хорошó!

есть — съесть?

Что вы ... на обéд? Я ... тóлько суп.

дари́ть — подари́ть?

Что ты обы́чно ... подрýге на день рождéния? — Обы́чно я ... ей цветы́, а в э́том годý ... ей духи́.

Упражнéние 6. Прочитáйте предложéния. Сравни́те употреблéние ви́дов глагóла. Вы́пишите словá, поясня́ющие испóльзованную глагóльную фóрму.

Несовершéнный вид	Совершéнный вид
1. Я чáсто пишý пи́сьма роди́телям.	Я сейчáс же напишý емý письмó.
2. Я дóлго писáл э́ту статью́.	Я бы́стро написáл э́ту статью́.
3. Я переводи́л текст два часá.	Я перевёл текст за два часá.
4. Я всегдá звоню́ емý пóздно.	Я тóлько оди́н раз позвони́л емý пóздно.
5. Обы́чно я встречáю егó в трамвáе.	Впервы́е я встрéтил егó в Берли́не.
6. Я дóлго искáл свой ключ.	Наконéц я нашёл áдрес Кáти.
7. Я постоя́нно берý кни́ги в библиотéке.	Вчерá я случáйно взял твой словáрь.
8. Кáждую недéлю я покупáю газéту «Аргумéнты и фáкты».	Зáвтра я обязáтельно куплю́ слéдующий нóмер.
9. Он цéлый год изучáл рýсский язы́к.	Он за год изучи́л рýсский язы́к!
10. Весь вéчер он готóвился к доклáду.	За вéчер он подготóвился к доклáду.
11. Ежеднéвно онá ýчит нóвые словá.	За день онá вы́учила 25 нóвых слов.

Упражнение 7. Измените вид выделенных глаголов. Используйте выписанные слова, помогающие определить тип действия.

1. Преподаватель **объяснил** нам новые грамматические конструкции.
2. Каждый вечер я **звоню** родителям.
3. Я **привыкла** к петербургскому климату очень быстро.
4. Почему ты мне не **веришь**?
5. Его друг всегда **рассказывает**, как он отдыхал летом.
6. Я всегда **ложусь** спать рано.
7. Пётр уже **позавтракал**.
8. Мне **нравится** балет.
9. Он **пообещал** прийти вовремя.
10. Перед сном он обычно **открывает** окно.

Закройте окно! Холодно. —
Не закрывайте окно! Здесь очень душно.

Возьми зонт! Кажется, будет дождь. —
Не бери зонт! Сегодня не будет дождя.

Упражнение 8. Вставьте глагол нужного вида в форме императива.

1. Почему ты так редко звонишь мне? ... мне завтра обязательно!	звонить — позвонить
2. Не ... этот словарь. Он есть у нас в библиотеке.	покупать — купить
3. Не ... об этом никому.	говорить — сказать
4. ..., пожалуйста, на обед борщ.	готовить — приготовить
5. Никогда не ... того, что не можешь сделать.	обещать — пообещать
6. ... цветы в вазу.	ставить — поставить
7. ... ей убрать квартиру.	помогать — помочь
8. Не ... обо мне плохо.	думать — подумать
9. Я без тебя буду очень скучать, ... скорее.	возвращаться — вернуться
10. Не ... меня об этом, пока это секрет.	спрашивать — спросить

러시아어 회화 2 | **Урок 10 (десять)**

Готовимся к разговору

Задание 1. Составьте диалоги по моделям. Используйте предложенные глаголы.

Модели:

1. — Ты ещё не читал новый роман Виктора Пелевина?
   — Ещё нет.
   — Ты обязательно должен его прочитать.

(*спрашивать — спросить, показывать — показать, рассказывать — рассказать*)

2. — Что ты будешь делать завтра?
   — Я буду переводить текст.
   — А потом?
   — Когда я переведу текст, я буду убирать квартиру.

(*мыть — вымыть, помогать — помочь, готовить — приготовить*)

Задание 2. Задайте вопросы, которые возникают в следующих ситуациях.

1. Вы получили открытку без подписи. Поинтересуйтесь, кто её автор. (писать — написать)

2. Экскурсовод рассказывал о строительстве Исаакиевского собора. Спросите его, сколько времени оно продолжалось. (строить — построить)

3. На столе вы не нашли свой словарь. Узнайте, где он. (брать — взять)

4. Вам предлагают кофе. Вы не хотите. Объясните, почему. (пить — выпить)

5. Ваша подруга читает новый роман популярного писателя. Узнайте, откуда он у неё. (давать — дать)

6. Вчера был футбольный матч между командами России и Германии. Спросите о его результате. (играть — сыграть)

7. Вы заблудились в незнакомом городе и опоздали на встречу с друзьями. Объясните, что вы не знали, где находится станция метро. (искать — найти)

8. Ваши друзья вернулись из отпуска. Спросите, довольны ли они отдыхом. (отдыхать — отдохнуть)

Задание 3. Внимательно прочитайте афишу выходного дня. Обсудите с друзьями, куда вам стоит пойти и что посмотреть.

Государственный Академический Мариинский Театр (Театральная площадь, д. 1. Телефон 114-43-44)	П.И. Чайковский. Балет «Щелкунчик»
Академический Большой драматический театр им. Г.А. Товстоногова (Набережная р.Фонтанки, д. 65. Телефон 310-92-42)	А.П. Чехов. «Дядя Ваня»
Большой театр кукол (ул.Некрасова, д. 10. Телефон 273–66-72)	Сказка «Три поросёнка»
Санкт-Петербургская академическая филармония им. Д.Д. Шостаковича, Большой зал (Михайловская ул, д. 2. Телефон 110-42-90)	Академический симфонический оркестр Филармонии. Дирижёр А. Лазарев. В программе: Моцарт, Шостакович
Санкт-Петербургский государственный театр музыкальной комедии (Итальянская ул., д.13. Телефон 210-43-16).	И. Кальман. «Мистер Икс»
Цирк (наб. р. Фонтанки, д. 3. Телефон 210-43-90)	«Нам 125!» Юбилейное представление
Санкт-Петербургская государственная филармония джазовой музыки (Загородный пр., д. 27. Телефон 164-85-65).	Вечер джазовой скрипки. Д. Голощёкин
Кинотеатр «Аврора» (Невский пр., д. 60. Телефон 315-52-54)	Художественный фильм «Страна глухих»
Киноцентр «Ленинград» (Потёмкинская ул., д. 4. Телефон 272-65-13)	Художественный фильм «Пианистка»
Кинотеатр «Паризиана» (Невский пр., д. 80. Телефон 273-48-13).	Художественный фильм «Самая обаятельная и привлекательная»

Задание 4. Скажите, какой фильм посмотрели ваши друзья (хороший или плохой, смешной или грустный, интересный или скучный), если вы услышали такие реплики:

— Мы с трудом досидели до конца.
— По-моему, это было великолепно.
— Лучше бы не ходил.
— Только время потерял.
— Не жалею, что пошёл.
— Никогда так не смеялся.

Задание 5. Составьте диалоги на основе предложенных ситуаций.

1. Вы купили билет в театр, но не сможете пойти. Предложите билет своему другу. Расскажите о предстоящем спектакле.

2. Вы посмотрели фильм, и он вам очень не понравился, а вашему другу фильм понравился. Аргументируйте свою точку зрения.

3. Вы журналист. Вам надо взять интервью у популярного исполнителя. Задайте ему самые важные, с вашей точки зрения, вопросы.

Задание 6. Прочитайте диалоги про себя, обратите внимание на выделенные слова и словосочетания, типичные для русской разговорной речи. Прослушайте диалоги в записи. Прочитайте их вслух. Разыграйте эти диалоги.

Диалог 1

— Маша, привет! Ты занята сегодня вечером?
— Нет. **А что?**
— У меня есть билеты в кино на 19.30.
— Честно говоря, мне не очень хочется в кино.
— **Ну и зря.** Фильм отличный, играют великолепные актёры. Называется «Дневник его жены». Он получил премию «Ника» Российской киноакадемии.
— **Название мне ни о чём не говорит.** Что это за фильм? Комедия? Мелодрама? Или боевик?

— Нет, что ты! **Какой там** боевик! Это **как раз** для тебя. Ты же обожаешь русскую литературу. Он о последних годах жизни Ивана Алексеевича Бунина, его одиночестве и трагической любви к поэтессе Галине Кузнецовой.

— **Да ты что!** Я так люблю прозу Бунина. Конечно, я хочу посмотреть. А кто режиссёр?

— Фильм поставил известный режиссёр Алексей Учитель, а главного героя играет тоже режиссёр — Андрей Смирнов, который очень похож на Бунина. Я буду смотреть уже второй раз. Пойдём, **не пожалеешь**.

— Обязательно пойдём.

Диалог 2

— Таня, тебе не кажется, что мы давно не были в филармонии?

— **Слушай,** я сама хотела тебе об этом сказать. Кстати, вчера, когда я шла мимо Большого зала, я видела афишу. 25 мая приезжает Владимир Спиваков со своим коллективом.

— Ну, это такой известный музыкант, что **наверняка** билетов уже не **достать**.

— Я уже зашла в кассу — билеты пока есть, **правда,** дорогие. Завтра по дороге на работу я могла бы зайти и купить билеты, но что делать с нашим Серёжкой?

— А в чём проблема? Он уже не маленький. Хватит слушать только тяжёлый рок. Пора учиться понимать классику. Покупай три билета, и пойдём все вместе.

— А если он не захочет? Нельзя же **тащить** ребёнка **силой**!

— Ничего, один раз услышит, и ему понравится. У него ведь абсолютный слух! Кстати, а что они исполняют?

— Чайковского.

— **Тем более.** Музыка Чайковского не так трудна для восприятия.

— **Ну что ж.** Попробуем приобщить молодое поколение к прекрасному. Значит, я беру три билета.

Задание 7. Прочитайте следующие фразеологизмы: *медведь на ухо наступил, играть первую скрипку, вжиться в роль, дать петуха.* **Как вы думаете, что они означают? Придумайте ситуации, в которых их можно употребить.**

러시아어 회화 2 | **Урок 10 (десять)**

Задание 8. Посмотрите на рисунки. Назовите действующих лиц этой истории. Скажите, кто мешал девушке спать по ночам? Задайте друг другу вопросы по каждому рисунку. Расскажите (напишите) на основе рисунков всю историю. Расскажите (напишите) эту историю от лица одного из героев. Придумайте название этой истории.

Давайте поговорим

1. Какую роль играет театр в жизни современного человека?
2. Способно ли телевидение заменить театр и кино?
3. Как вы относитесь к экранизации литературных произведений?
4. Нужны ли на телевидении сериалы?
5. Как вы относитесь к тому, что наиболее популярными жанрами в кинематографе становятся боевики и триллеры?
6. Как вы понимаете слова Д. Шостаковича: «Людям нужны все виды музыки»?

Повторение — мать учения

Слова и словосочетания, которые помогут вам поговорить о театре, кино, музыке

ТЕА́ТР: КЛАССИ́ЧЕСКИЙ, СОВРЕМЕ́ННЫЙ; ДРАМАТИ́ЧЕСКИЙ, О́ПЕРЫ И БАЛЕ́ТА, ОПЕРЕ́ТТЫ (МУЗКОМЕ́ДИИ), КУ́КОЛЬНЫЙ, ЭСТРА́ДНЫЙ, ТЮЗ (ТЕА́ТР Ю́НОГО ЗРИ́ТЕЛЯ)
СМОТРЕ́ТЬ СПЕКТА́КЛЬ, БАЛЕ́Т; СЛУ́ШАТЬ О́ПЕРУ, КОНЦЕ́РТ
ГАСТРО́ЛИ ТЕА́ТРА; ТЕА́ТР ГАСТРОЛИ́РУЕТ
РЕПЕРТУА́Р ТЕА́ТРА
ТЕАТРА́ЛЬНЫЙ СЕЗО́Н

СПЕКТА́КЛЬ: КОМЕ́ДИЯ, ДРА́МА, МЕЛОДРА́МА, ТРАГЕ́ДИЯ, СПЕКТА́КЛЬ ПО ПЬЕ́СЕ А.П. ЧЕ́ХОВА
ПРЕМЬЕ́РА
СТА́ВИТЬ/ПОСТА́ВИТЬ СПЕКТА́КЛЬ; СПЕКТА́КЛЬ ПОСТА́ВЛЕН ПО ПЬЕ́СЕ ОСТРО́ВСКОГО.

ФИЛЬМ: ДОКУМЕНТА́ЛЬНЫЙ, ХУДО́ЖЕСТВЕННЫЙ, ТЕЛЕВИЗИО́ННЫЙ; ЗВУКОВО́Й, НЕМО́Й; ФАНТАСТИ́ЧЕСКИЙ, МУЗЫКА́ЛЬНЫЙ, ИСТОРИ́ЧЕСКИЙ, ПРИКЛЮЧЕ́НЧЕСКИЙ; КОМЕ́ДИЯ, БОЕВИ́К, ДЕТЕКТИ́В, ТРИ́ЛЛЕР (ФИЛЬМ У́ЖАСОВ), ФИЛЬМ-КАТАСТРО́ФА, МЕЛОДРА́МА, ЭКРАНИЗА́ЦИЯ; МНОГОСЕРИ́ЙНЫЙ, СЕРИА́Л
СЮЖЕ́Т ФИ́ЛЬМА (СПЕКТА́КЛЯ)
ФИЛЬМ ВЫ́ШЕЛ НА ЭКРА́НЫ, ФИЛЬМ (СПЕКТА́КЛЬ) ИДЁТ, ФИЛЬМ (СПЕКТА́КЛЬ) ИМЕ́ЕТ УСПЕ́Х, ФИЛЬМ СНЯТ НА КИНОСТУ́ДИИ «МОСФИ́ЛЬМ»

СНИМА́ТЬ/СНЯТЬ ФИЛЬМ, ФИЛЬМ СНЯТ ПО СЦЕНА́РИЮ Р. ЛИТВИ́НОВОЙ

РОЛЬ: ГЛА́ВНАЯ, ЭПИЗОДИ́ЧЕСКАЯ, РОЛЬ ГА́МЛЕТА; ИГРА́ТЬ (ИСПОЛНЯ́ТЬ) РОЛЬ

АКТЁР (АРТИ́СТ) / АКТРИ́СА (АРТИ́СТКА): ИЗВЕ́СТНЫЙ, ЗНАМЕНИ́ТЫЙ, НАЧИНА́ЮЩИЙ, О́ПЕРНЫЙ/АЯ (ПЕВЕ́Ц, ПЕВИ́ЦА), АРТИ́СТ БАЛЕ́ТА, БАЛЕРИ́НА

РЕЖИССЁР: ПОСТА́ВИТЬ СПЕКТА́КЛЬ, О́ПЕРУ, БАЛЕ́Т; СПЕКТА́КЛЬ, БАЛЕ́Т, О́ПЕРА В ПОСТАНО́ВКЕ В.ГЕ́РГИЕВА

БИЛЕ́Т: НА СПЕКТА́КЛЬ, В ПАРТЕ́Р, В ЛО́ЖУ, В ПЕ́РВЫЙ Я́РУС, НА БАЛКО́Н, НА ГАЛЁРКУ; В КИНО́
ДОСТА́ТЬ БИЛЕ́ТЫ, КУПИ́ТЬ БИЛЕ́Т С РУК, ЛИ́ШНИЙ БИЛЕ́Т

АНТРА́КТ: СПЕКТА́КЛЬ ШЁЛ БЕЗ АНТРА́КТА; В АНТРА́КТЕ МЫ ХОДИ́ЛИ В БУФЕ́Т

ФИЛАРМО́НИЯ, КОНЦЕ́РТНЫЙ ЗАЛ

МУ́ЗЫКА: КЛАССИ́ЧЕСКАЯ, СОВРЕМЕ́ННАЯ; ЛЁГКАЯ, ЭСТРА́ДНАЯ, ДЖА́ЗОВАЯ (ДЖАЗ)

Используя слова, словосочетания и грамматический материал темы, выполните следующие задания.

Задание 1. **Вместо точек вставьте подходящие по смыслу глаголы в нужном виде.**

1. В ко́мнате ещё совсе́м светло́. Почему́ вы ……………………… свет?

2. Ты не ……………………… мой слова́рь? Он лежа́л на столе́.

3. Когда́ студе́нты шли в теа́тр, они́ ……………………… своего́ преподава́теля.

4. ……………………… ли ты Достое́вского?

5. Нам о́чень хоте́лось посмотре́ть э́тот бале́т, но, к сожале́нию, мы не ……………… биле́ты.

6. За вре́мя о́тпуска они́ хорошо́ ……………………… .

7. Я уже́ не́сколько раз ……………………… э́тот фильм.

8. Она́ ……………………… сего́дня в 6 часо́в утра́.

9. Кто ……………………… тако́й вку́сный сала́т?

10. Бы́ло так хо́лодно, что я ……………………… шарф и ша́пку.

Задание 2. Прочитайте названия российских фильмов. Используя лексику урока, попытайтесь дать о них небольшую информацию для программы телевизионных передач.

Модель: «А́нна Каре́нина» — дра́ма. Экраниза́ция изве́стного рома́на Л. Н. Толсто́го. Фильм расска́зывает о траги́ческой любви́ заму́жней же́нщины и молодо́го офице́ра.

«Чайко́вский», «Са́мая обая́тельная и привлека́тельная», «Идио́т», «Ма́чеха», «Здра́вствуйте, я ва́ша тётя!», «Вое́нно-полево́й рома́н», «Страна́ глухи́х», «Одино́кая же́нщина жела́ет познако́миться», «Сказ о том, как царь Пётр ара́па жени́л».

Задание 3. Расскажите (напишите) о вашем любимом фильме или спектакле.

Задание 4. Напишите либретто вашей любимой оперы.

Внеклассное чтение

Александр Иванович Куприн (1870–1938) — талантливый русский писатель, автор таких широко известных и любимых читателями произведений, как «Гранатовый браслет», «Олеся», «Поединок» и многих других. Его проза — одно из самых замечательных явлений русской литературы начала XX века. Свои рассказы Куприн писал легко, не задумываясь, так как никогда не чувствовал недостатка материала: за свою жизнь писатель объехал почти всю Россию, поменял множество профессий. Ему всё было интересно, обо всём он рассказывал живо, со вкусом. Куприн — мастер увлекательного сюжета, в котором любовь, искусство, красота противопоставлены обыденной жизни.

ТАПЁР

Двенадцатилетняя Тиночка Руднева влетела в комнату, где ее старшие сёстры одевались к сегодняшнему вечеру. Вся розовая от быстрого бега, она была в эту минуту похожа на хорошенького мальчишку.

— Mesdames, а где же тапер? Я спрашивала у всех в доме, и никто ничего не знает. У нас всегда так, всегда так, — горячилась Тиночка.

Самая старшая сестра, Лидия Аркадьевна, стояла перед зеркалом. Она не любила шума и относилась к «мелюзге» с холодным и вежливым презрением. Посмотрев на Тину в зеркало, она сказала с неудовольствием:

— Больше всего в доме беспорядка делаешь, конечно, ты, — сколько раз я тебя просила, чтобы ты не вбегала как сумасшедшая в комнаты.

Тина показала зеркалу язык и посмотрела на другую сестру, Татьяну Аркадьевну:

— Танечка, голубушка, как бы ты это всё устроила. Меня никто не слушает, только смеются, когда я говорю.

Тина только в этом году участвовала в устройстве ёлки. Ещё в прошлое Рождество её в это время вместе с младшей сестрой Катей оставляли в детской. Поэтому понятно теперь, что она волновалась больше всех, бегала по дому и только усиливала общую суету, которая царила на праздниках в доме.

Её отец Аркадий Николаевич любил, чтобы ёлка получалась на славу, и приглашал на вечер оркестр Рябова. Но в этом году к Рябову послали очень поздно, и его оркестр был уже занят. Аркадий Николаевич попросил кого-то найти хорошего тапёра, но совсем забыл кого.

Толстая добродушная экономка Олимпиада Савична говорила, что барин и правда просил о тапёре, но она поручила это камердинеру Луке. Лука оправдывался тем, что его дело помогать Аркадию Николаевичу, а не бегать по городу за фортепьянщиками. Горничная Дуняша уверяла, что и краем уха не слышала о тапёре.

Неизвестно, чем бы кончилась эта путаница, если бы на помощь не пришла Татьяна Аркадьевна, полная весёлая блондинка, которую прислуга обожала за её ровный характер.

— Одним словом, мы так не кончим до завтрашнего дня, — сказала она своим спокойным, немного насмешливым голосом. — Пусть Дуняша сейчас идёт за тапёром. А пока ты будешь одеваться, Дуняша, я выпишу тебе из газеты адреса.

У дверей тем временем уже звонили. Две большие семьи — Лыковых и Масловских — встретились случайно у ворот. Передняя сразу наполнилась говором, смехом и звонкими поцелуями.

Дуняша не возвращалась, и подвижная Тина сгорала от нетерпеливого беспокойства. Десять раз подбегала она к Тане и шептала взволнованно:

— Танечка, голубушка, как же нам теперь быть? Ведь это ни на что не похоже!

В эту минуту к Татьяне Аркадьевне подошёл Лука.

— Барышня, Дуняша просит вас выйти к ней.

— Ну что, привезла? — спросили в один голос все три сестры.

— Они в передней, — уклончиво ответил Лука. Только что-то сомнительно-с...

В передней стояла Дуняша, сзади неё — очень бледный маленький худощавый мальчик.

Таня спросила нерешительно:

— Вы говорите, что вы уже играли на вечерах?

— Да... я играл, — ответил он. – Вам, может быть, потому кажется, что я такой маленький...

Таня вопросительно посмотрела на старшую сестру. Лидия Аркадьевна презрительно, как всегда, спросила:

— Вы умеете, молодой человек, играть кадриль?

— Умею-с...

— И вальс умеете?

— Да-с.

— Может быть, и польку тоже?

Мальчик вдруг покраснел:

— Я, mademoiselle, кроме полек и кадрилей играю ещё все сонаты Бетховена, вальсы Шопена и рапсодии Листа.

Мальчик умоляюще посмотрел на Таню.

— Пожалуйста, прошу вас... Позвольте мне что-нибудь сыграть...

Чуткая Таня поняла, как больно затронула Лидия его самолюбие.

— Конечно, сыграйте, пожалуйста, — сказала она.

В гостиной мальчика усадили за рояль. Он взял одну из толстых нотных тетрадей.

— Угодно вам «Венгерскую рапсодию» № 2 Листа?

Лидия пренебрежительно кивнула. Мальчик положил руки на клавиши и закрыл глаза. Из-под его пальцев полились торжественные аккорды начала рапсодии. Странно было видеть и слышать, как этот маленький человечек, голову которого было почти не видно из-за пюпитра, извлекал из инструмента такие мощные, смелые, полные звуки.

Аркадий Николаевич, любивший и понимавший музыку, вышел из кабинета и, подойдя к Тане, спросил:

— Где вы достали этого карапуза?

— Это тапёр, папа. Правда, отлично играет?

Когда мальчик окончил рапсодию, Аркадий Николаевич первый захлопал в ладоши. Другие тоже начали аплодировать.

— Прекрасно играете, голубчик. Большое удовольствие нам доставили, — ласково улыбался Аркадий Николаевич, подходя к музыканту и протягивая ему руку. — Как вас зовут, я не знаю.

— Азагаров. Юрий Азагаров.

— Ну, а теперь сыграйте нам какой-нибудь марш повеселее.

Под громкие звуки марша из «Фауста» гости пошли к ёлке. Азагаров, не переставая играть, увидел, как в залу вошёл пожилой господин, на которого сразу стали смотреть все присутствующие. Он был немного выше среднего роста и держался с изящной и в то же время величавой простотой. Всего замечательнее было его лицо — одно из тех лиц, которые запоминаются на всю жизнь с первого взгляда.

Юрий Азагаров решил, что этот гость, наверное, очень важный господин, потому что даже пожилые чопорные дамы встретили его почтительными улыбками.

Вдруг над его ухом раздался равнодушно повелительный голос:

— Сыграйте, пожалуйста, ещё раз рапсодию № 2.

Он заиграл, сначала робко, неуверенно, хуже, чем он играл в первый раз, но потом к нему вернулись смелость и вдохновение. Этот необыкновенный человек наполнил его душу артистическим волнением. Он чувствовал, что никогда не играл в своей жизни так хорошо, как в этот раз.

Юрий не видел, как прояснялось хмурое лицо господина, но когда он кончил при общих аплодисментах и посмотрел в ту сторону, то уже не увидел этого привлекательного и странного человека. Но к нему подходил с таинственной улыбкой Аркадий Николаевич Руднев.

— Вот что, Азагаров, — заговорил он почти шёпотом, — возьмите этот конвертик и не потеряйте, — в нём деньги. А сами идите в переднюю и одевайтесь. Вас довезёт Антон Григорьевич.

— Но ведь я могу целый вечер играть, — начал мальчик.

— Тсс!.. – закрыл глаза Руднев. – Да неужели вы не узнали его? Неужели не догадались, кто это?

Юрий не понимал. Кто же мог быть этот удивительный человек?

— Голубчик, да ведь это Рубинштейн, Антон Григорьевич Рубинштейн. И я вас, дорогой мой, от души поздравляю и радуюсь, что у меня на ёлке вы получили такой подарок. Он заинтересован вашей игрой...

Мальчик давно уже известен теперь во всей России. Но никогда и никому он не передавал тех священных слов, которые говорил ему в эту морозную рождественскую ночь его великий учитель.

(по А. Куприну)

11

ПРОФЕССИЯ. ОБРАЗОВАНИЕ

Задание 1. Ответьте на вопросы.

Кто вы по профессии (кем вы хотите стать)? Где вы работаете (учитесь)? Почему вы выбрали эту профессию? Нравится ли вам ваша работа? Кем вы хотели быть в детстве? Какие профессии особенно популярны сегодня? Может ли человек быть счастливым без интересной работы? Работа — это труд или удовольствие? Как вы понимаете выражение: *уходить с головой в работу?*

Работая медсестрой, она поняла, что хочет стать врачом.

Учась в институте, он подрабатывал в кафе.

Получив диплом, он уехал в Сибирь.

Вернувшись на родину, я буду работать инженером.

Она стала актрисой, **хотя** родители были против.

Несмотря на то что отец плохо себя чувствовал, он пошёл на работу.

Прочитайте текст. Обратите внимание на выделенные конструкции.

Кем быть?

Хорошо, когда у тебя отпуск и ты можешь путешествовать и любоваться красотой новых мест. Но, **заканчивая** университет, ты должен думать о работе. Вот и наш Том, студент Принстонского университета, успешно **сдав** экзамены и **написав** прекрасную дипломную работу, сейчас решает проблему, что делать дальше.

Главное в жизни человека — работа. Где бы ты ни был, чем бы ни занимался, надо стараться не только стать профессионалом, но и принести пользу людям. Вдруг Том вспомнил о своей детской мечте. Однажды он очень насмешил родителей, когда сказал, что хочет стать продавцом мороженого и есть его на завтрак, обед и ужин. Но через некоторое время он уже хотел стать парикмахером, потом полицейским, потом пожарником. В седьмом классе он твёрдо решил стать ветеринаром, потому что, **возвращаясь** как-то из школы, он увидел на улице маленького, мокрого и очень несчастного щенка. Ему стало так жалко беднягу, что он принёс собаку домой. Родители, конечно, были против. Они сказали, что не надо делать из квартиры зоопарк. Дело в том, что у Тома уже были кошка, черепаха и попугай. Но Том стоял на своём: если ему не разрешат оставить щенка, то он уйдёт вместе с ним. Конечно, щенка оставили. И мальчишка день и ночь ухаживал за новым другом.

Поступив в университет, Том много занимался, но сразу начал подрабатывать. Он продавал газеты, работал официантом в Макдоналдсе, был санитаром в больнице, курьером в юридической фирме. Больше всего ему нравилось работать диск-жокеем в студенческом клубе. Как здорово, когда вокруг тебя весёлые лица, все танцуют, гремит музыка и ты хозяин этого праздника.

Студенческие годы пролетели, и пришло время сделать выбор.

Можно стать предпринимателем, открыть собственное дело. Это очень интересно, потому что бизнесмен должен самостоятельно принимать решения, не **боясь риска**, никогда не **теряя** голову. Кроме того, Тому всегда хотелось создать совместное предприятие с какой-нибудь российской фирмой. Он же уже так хорошо говорит по-русски!

Но недавно ему сделали очень заманчивое предложение: одна крупная финансовая компания пригласила его на работу.

Что же делать? Надо взвесить все «за» и «против».

Хотя работа в финансовой компании имеет свои плюсы, в ней есть и свои минусы. С одной стороны, это высокая фиксированная зарплата, оплачиваемый отпуск, нормированный рабочий день, два выходных дня. С другой стороны, так не хочется зависеть от решений начальника!

Ну, а бизнес даёт простор для инициативы, возможность по-своему организовать работу и быстро добиться успеха. Правда, бизнес — это всегда риск. Деловы́е лю́ди рабо́тают день и ночь, ча́сто без выходны́х. Да и о́тпуск для них не всегда́ возмо́жен. Но как э́то интере́сно! Встре́чи с но́выми людьми́, переговоры, контра́кты. Како́й на́до име́ть хара́ктер, что́бы спра́виться со все́ми тру́дностями! Реши́тельный, твёрдый, энерги́чный. Неуже́ли не полу́чится? Нет, полу́чится. Ну́жно попро́бовать свои́ си́лы и доказа́ть себе́, что ты что́-то мо́жешь.

Отве́тьте на вопро́сы:

1. Како́й университе́т ско́ро зако́нчит Том? 2. Кем он хоте́л быть в де́тстве? 3. Почему́ Том реши́л стать ветерина́ром? 4. Чем занима́лся Том, когда́ учи́лся в университе́те? 5. Каку́ю пробле́му он реша́ет сейча́с? 6. Кем он всегда́ мечта́л быть? 7. Почему́ он хоте́л стать бизнесме́ном? 8. Како́е предложе́ние он неда́вно получи́л? 9. Каки́е плю́сы име́ет рабо́та в фина́нсовой компа́нии? А каки́е ми́нусы? 10. Чем привлека́ет То́ма би́знес? 11. С каки́ми тру́дностями ста́лкивается предпринима́тель? 12. Како́й хара́ктер до́лжен быть у делово́го челове́ка?

Что делать?	Что они делают?	Что делая? Как?	Пример
чита́ть	чита́ют	чита́я	Чита́я письмо́, он улыба́лся. (= Он чита́л письмо́ и улыба́лся.)
занима́ться	занима́ются	занима́ясь	Занима́ясь спо́ртом, вы укрепля́ете своё здоро́вье. (=Когда́ вы занима́етесь спо́ртом, вы укрепля́ете своё здоро́вье.)
лежа́ть	лежа́т	лёжа	(как?) Он лю́бит чита́ть лёжа.
сади́ться	садя́тся	садя́сь	Садя́сь на дива́н, он не заме́тил ко́шку. (= Когда́ он сади́лся на дива́н, он не заме́тил ко́шку.)

Что сделать?	Что сделал?	Что сделав?	Пример
прочита́ть	прочита́л	прочита́в	**Прочита́в** кни́гу, я дал её дру́гу. (=Когда́ я прочита́л кни́гу, я дал её дру́гу.)
верну́ться	верну́лся	верну́вшись	**Верну́вшись** из о́тпуска, он на́чал рабо́тать. (= Он верну́лся из о́тпуска и на́чал рабо́тать.)

Упражнение 1. Измените предложения по модели.

Модель: Гуля́я по го́роду, мы мно́го фотографи́ровали.
    Мы гуля́ли по го́роду и мно́го фотографи́ровали.

1. Уча́сь в университе́те, моя́ сестра́ рабо́тала в библиоте́ке. 2. Выбира́я э́ту профе́ссию, он хоте́л занима́ться нау́кой. 3. Рабо́тая в Росси́и, Пе́тер стал изуча́ть ру́сский язы́к. 4. Посмотре́в в де́тстве э́тот бале́т, де́вочка реши́ла стать балери́ной. 5. Нача́в э́ту рабо́ту, она́ забы́ла об о́тдыхе. 6. Позвони́в домо́й, Людми́ла узна́ла, что пришли́ го́сти. 7. Студе́нты переводи́ли текст, не смотря́ в слова́рь. 8. Уви́дев преподава́теля, мы поздоро́вались. 9. Путеше́ствуя по Росси́и, я встре́тил мно́го интере́сных люде́й. 10. Потеря́в но́мер телефо́на, Марк не смог позвони́ть дру́гу.

Упражнение 2. Закончите предложения.

1. Встреча́ясь с друзья́ми, ...
2. Око́нчив университе́т, ...
3. Слу́шая му́зыку, ...
4. Жени́вшись, ...
5. Поза́втракав, ...
6. Посмотре́в фильм, ...
7. Возвраща́ясь с рабо́ты, ...
8. Получи́в письмо́, ...
9. Откры́в дверь, ...
10. Сто́я на остано́вке, ...

Упражнение 3. Напишите начало фраз по модели.

Модель: Познакомившись с девушкой, я попросил у неё телефон.

1. .... , мы пошли в кино.
2. .... , я пошёл гулять.
3. .... , он очень смеялся.
4. .... , я начал писать диссертацию.
5. .... , мы поедем отдыхать на юг.
6. .... , я выписывал новые слова.
7. .... , я узнал, когда отправляется поезд.
8. .... , он сказал спасибо.
9. .... , он уехал домой.
10. .... , он потерял деньги.

> Хотя шёл дождь, мы пошли гулять. =
> Несмотря на то что шёл дождь, мы пошли гулять.

Упражнение 4. Составьте сложные предложения, используя союзы *хотя, несмотря на то что*.

1. У меня нет свободного времени. Я пойду на этот концерт. 2. Все устали. Мы будем продолжать работу. 3. Все просили его остаться. Он ушёл. 4. Уже поздно. Я не хочу спать. 5. Я читал эту книгу. Я хочу прочитать её ещё раз. 6. Георг никогда не был в России. Он прекрасно говорит по-русски. 7. Маша занималась много. Она сдала экзамен плохо. 8. Лекция очень интересная. Я не могу на неё пойти.

> Джим изучает русский язык в Санкт-Петербурге.
> Каждый день нужно учить новые слова.
> Мы учимся в университете.
> Маша занимается в библиотеке.
> Ваш сын мало занимается.
>
> ИЗУЧАТЬ что? где?   УЧИТЬ что?
> УЧИТЬСЯ где?   ЗАНИМАТЬСЯ где? как?

Упражнение 5. Вставьте вместо точек данные выше глаголы.

1. Лена .... историю в Сорбонне.
2. Где .... твой младший брат?
3. Тебе надо больше ....
4. Он никогда не .... правила, поэтому плохо говорит по-русски.
5. В университете Сергей очень серьёзно .... философию.
6. Я бы хотел .... в Москве.
7. Я не люблю .... в библиотеке.
8. Чтобы улучшить память, надо .... стихи.

Готовимся к разговору

Задание 1. Кем они хотят стать, если:

Джон у́чится на экономи́ческом факульте́те.
Анто́н у́чится в Литерату́рном институ́те.
Ната́ша лю́бит петь.
Серге́й изуча́ет психоло́гию.
А́не нра́вится рисова́ть.
Ви́ктор занима́ется те́ннисом.
Лю́да интересу́ется поли́тикой.

Задание 2. Скажите, на каких факультетах учатся студенты, если они называют свои факультеты:

истфа́к, филфа́к, физфа́к, химфа́к, биофа́к, юрфа́к, геофа́к, подфа́к, физма́т.

Задание 3. Напишите, кто она.

Модель: студент — студент**к**а
ученик — уче**ниц**а

артист — ....   художник — ....
официант — ....   начальник — ....
санитар — ....   преподаватель — ....
журналист — ....   писатель — ....

Но! Он, она: инженер, врач, юрист, ветеринар, архитектор, экскурсовод, дирижёр, продавец, библиотекарь, историк, экономист, географ, геолог.

Задание 4. Заполните таблицу.

Профессия	Что делает?	Что закончил?	Где работает?
врач	ле́чит люде́й	медици́нскую акаде́мию	в больни́це и́ли в поликли́нике
учи́тель			
архите́ктор			
худо́жник			
актёр			
библиоте́карь			
ветерина́р			
экскурсово́д			
продаве́ц			
дирижёр			

Задание 5. Прочитайте названия фирм и учреждений. Скажите, чем они занимаются, какие специалисты там работают, какое у них образование.

러시아어 회화 2 | **Урок 11 (одиннадцать)**

Задание 6. Как вы понимаете следующие выражения: *не место красит человека, а человек место; мастер на все руки; работать спустя рукава; встать на ноги.* Придумайте ситуации, в которых их можно употребить.

Задание 7. Прочитайте диалоги про себя, обратите внимание на выделенные слова и словосочетания, типичные для русской разговорной речи. Прослушайте диалоги в записи. Прочитайте их вслух. Что вы могли бы рассказать об участниках этих диалогов?

Диалог 1

— Слушай, я хочу перейти на другую работу.
— А что? У тебя неприятности?
— **Да не то чтобы** неприятности, просто надоело работать с таким бюрократом, как мой начальник. Для него бумаги важнее дела. Инициативные и творческие работники ему не нужны.
— Но ты столько лет работаешь в этом институте! Неужели не жаль уходить?

— Жаль, конечно. 15 лет на одном месте — это немало. Но **ничего не поделаешь**. Мне до пенсии ещё далеко. Каждый человек мечтает сделать карьеру, и я не исключение.
— Куда же ты переходишь?
— Ты знаешь, мне предложили место в одной частной фирме. Недавно был на собеседовании. Очень понравился директор — молодой, энергичный. По-моему, хорошо знает своё дело. И зарплата неплохая.
— А где находится эта фирма? Далеко от твоего дома?
— Не очень. 30 минут езды на автобусе, а раньше я тратил на дорогу час.
— Да, это тоже имеет значение. Если **тебя всё устраивает**, значит, выбор сделан правильный.

Диалог 2

ТРУДНАЯ СЕССИЯ

— Аллё... Вася, это ты? Уже встал?
— Нет, Галка, ещё не ложился.
— Трудная сессия, правда?
— **Не говори.**

— Как у тебя дела?

— Нормально. **Вызубрил** хулиганство. Дошёл до убийства.

— А я остановилась на любви.

— На любви? **Подожди, подожди**, такого вопроса в программе нет. Есть вопросы по семейному праву.

— А разве это не одно и то же?

— **Сравнила!** Семья — это понятие юридическое, а любовь... так... как у пташки крылья...

— Васенька, но ведь без любви не бывает семьи.

— **Выбрось из головы.** Это не по программе. Получишь двойку — будет хвост.

— **Ну и пусть.**

— Как это пусть?! Сейчас же бросай любовь и начинай разбой! Это самое трудное. Если нужно — помогу.

— Да, Вася, очень нужно.

— Ну, давай, спрашивай.

— Ты помнишь, что было две недели назад?

— Две недели? Конечно. Был последний семинар по криминалистике.

— Не то, Васенька... А потом?

— Потом... потом... не помню.

— Потом был новогодний вечер.

— Да-да, что-то **припоминаю**... Мы ещё спорили с аспирантом Кукиным о проблеме вещественных доказательств.

— А дальше?

— Дальше... Что же было дальше?

— Мы с тобой танцевали, будущий профессор!

— Танцевали? С тобой? Точно, Галка. И как только ты можешь такие подробности запомнить?

— И ты мне говорил ... Ну, повтори эти слова!

— Какие слова, Галка?

— Васенька, неужели ты забыл?

— Что-то припоминаю... Говорил какие-то важные вещи. А какие... Ты хоть скажи, из какой области?

— Из области семейного права.

— Семейного? Вспомнил... Ну, конечно! Галка, я же тебя люблю! Очень! Очень! Аллё... но ты хотела спросить у меня что-то по программе? Аллё... Ну вот, повесила трубку. А зачем звонила, так и не сказала. **Перезанималась.** Да, трудная сессия.

(по К. Левину)

러시아어 회화 2 | **Урок 11 (одиннадцать)**

Задание 8. Посмотрите на рисунки. Назовите действующих лиц этой истории. Скажите, кем оказался молодой человек, который представился девушке как дипломат? Задайте друг другу вопросы по каждому рисунку. Составьте, если это возможно, диалоги. Расскажите (напишите) на основе рисунков всю историю. Расскажите (напишите) эту историю от лица одного из героев, скажите, как вы поступили бы на его месте. Придумайте название этой истории.

Давайте поговорим!

1. Как вы понимаете словосочетание «образованный человек»?

2. Как вы думаете, словосочетания «образованный человек» и «умный человек» синонимичны?

3. В чём вы видите недостатки современного высшего образования?

4. Попробуйте объяснить, что значат слова и словосочетания «трудоголик», «сделать карьеру», «люди интересных профессий».

5. Влияет ли профессия на характер человека?

6. Какими чертами характера должен обладать врач, педагог, лётчик, журналист?

7. Если ваша работа вам не нравится, вы:

— будете продолжать работать, а в свободное время заниматься тем, что вас интересует;

— будете стараться лучше узнать свою профессию, открыть в ней интересные стороны;

— измените профессию?

8. Как вести себя с начальником: быть скромным или действовать по принципу «сам себя не похвалишь — никто не похвалит»?

Повторение — мать учения

Слова и словосочетания, которые помогут вам поговорить о профессиях и работе

БЫТЬ, СТАТЬ (*кем?*)
ПОДРАБА́ТЫВАТЬ/ПОДРАБО́ТАТЬ
КО́НЧИТЬ/ЗАКО́НЧИТЬ (*что?*)
ПОЛУЧА́ТЬ/ПОЛУЧИ́ТЬ ДИПЛО́М

Урок 11 (одиннадцать)

ДЕ́ЛАТЬ/СДЕ́ЛАТЬ ВЫ́БОР, КАРЬЕ́РУ
ПРИГЛАША́ТЬ/ПРИГЛАСИ́ТЬ НА РАБО́ТУ
ЗНАТЬ/УЗНА́ТЬ СВОЁ ДЕ́ЛО
ДОБИВА́ТЬСЯ/ДОБИ́ТЬСЯ УСПЕ́ХА
ПЕРЕХОДИ́ТЬ/ПЕРЕЙТИ́ НА ДРУГУ́Ю РАБО́ТУ
УХОДИ́ТЬ/УЙТИ́ С РАБО́ТЫ, НА ПЕ́НСИЮ
ДЕЛОВО́Й ЧЕЛОВЕ́К
БИЗНЕСМЕ́Н = ПРЕДПРИНИМА́ТЕЛЬ
ПРЕДПРИЯ́ТИЕ ГОСУДА́РСТВЕННОЕ, ЧА́СТНОЕ, СОВМЕ́СТНОЕ
ГОСУДА́РСТВЕННАЯ СЛУ́ЖБА
ЧА́СТНАЯ ФИ́РМА
СОБЕСЕ́ДОВАНИЕ
ЗАРПЛА́ТА
О́ТПУСК
РАБО́ЧИЙ ДЕНЬ ↔ ВЫХОДНО́Й ДЕНЬ

Зада́ние 1. Напиши́те, кем мечта́ют стать де́ти, е́сли они́ говоря́т:

1. Я о́чень люблю́ ко́шек и соба́к.
2. Мне нра́вится рисова́ть.
3. Бо́льше всего́ я люблю́ танцева́ть.
4. Меня́ интересу́ет то́лько компью́тер.
5. Я люблю́ ма́леньких дете́й.
6. Мы с па́пой коллекциони́руем моде́ли самолётов.
7. Я бы хоте́л побыва́ть в ра́зных стра́нах.
8. Мне нра́вится всё де́лать свои́ми рука́ми.
9. Люблю́ реша́ть тру́дные зада́чи и кроссво́рды.

Зада́ние 2. Испо́льзуя да́нные словосочета́ния, скажи́те, что в рабо́те важне́е всего́? Аргументи́руйте свою́ то́чку зре́ния.

Приноси́ть по́льзу лю́дям.
Люби́ть свою́ рабо́ту.
Име́ть возмо́жность узнава́ть что́-то но́вое.
Реализова́ть себя́.
Обща́ться с людьми́.
Хорошо́ зараба́тывать.
Стать изве́стным челове́ком.
Занима́ться тво́рчеством.
Име́ть мно́го свобо́дного вре́мени.
Рабо́та должна́ быть прести́жной.

Задание 3. Согласны ли вы с данными оценками? Объясните свою позицию.

1. Профессия врача очень престижна, потому что она высокооплачиваемая.
2. Учитель всегда очень уважаемый человек, так как он готовит будущее своей страны.
3. Профессия журналиста в наши дни очень опасна. Им приходится бывать в самых горячих точках планеты.

Задание 4. Прочитайте статью с советами тем, кто хочет найти работу. Зачеркните те, с которыми вы не согласны. Допишите несколько своих советов.

ПОД ЛЕЖАЧИЙ КАМЕНЬ ВОДА НЕ ТЕЧЁТ

1. Прежде всего определите для себя, что бы вы хотели получить от новой работы: деньги, карьеру или духовное удовлетворение.

2. Решите, в какой области можете этого добиться — не меняя профессию или радикально поменяв всё в своей жизни.

3. Попросите помочь найти вам работу всех друзей и знакомых; пойдите на биржу труда; составьте резюме и пошлите его во все агентства по трудоустройству.

4. Определите, что сейчас ценится на рынке труда — знание иностранных языков, компьютерная грамотность, профессионализм и коммуникабельность нужны всегда.

5. Когда человек идёт на собеседование, он должен продумать всё до мелочей. Строгий деловой костюм — самый универсальный вариант.

6. На собеседовании фразы типа «не могу», «не знаю» не должны использоваться вообще.

7. Не бойтесь говорить о детях. Они не помешают вам работать. А вот о больных родственниках и ревнивом муже лучше промолчать, даже если будут спрашивать.

8. ....
....
....

9. ....
....
....

10. ....
....
....

Урок 11 (одиннадцать)

Задание 5. Прочитайте текст. Как вы думаете, каким будет рынок профессий в XXI веке?

Помните детские стихи: «Все работы хороши, выбирай на вкус»? Но в разные времена и в разных странах меняется мода на профессии. Когда-то многие мечтали стать космонавтами, сейчас «в ходу» юристы и компьютерщики. Американец Лес Кранц более 20 лет публикует рейтинги существующих в США профессий. Оказывается, главный критерий выбора той или иной профессии не мода, а 6 факторов — доход, стресс, потенциальный рост, безопасность, рабочая среда и физические нагрузки.

В последнее время неожиданно для всех на одно из первых мест вышла профессия биолога. Биологи сейчас имеют неплохие перспективы. Экология, генетика, создание систем защиты от бактериологических и химических факторов сейчас важны как никогда. Стрессы здесь минимальны, физические нагрузки отсутствуют, зарплата неплохая.

В десятку лидеров попали также специалисты по планированию в страховых и финансовых фирмах, эксперты по компьютерным системам, бухгалтеры, метеорологи, юристы и астрономы. На последних местах оказались фермеры, строители, таксисты, моряки и металлурги.

Тем, кто готов рисковать здоровьем и мечтает быстро разбогатеть, лучше всего заняться профессиональным спортом — баскетболом, теннисом или бейсболом.

(по материалам газеты «Труд»)

Задание 6. Напишите рассказ на одну из тем:

Кем я мечтал стать в детстве.
Я через десять лет.
Неинтересных профессий не бывает.
Как найти своё место в жизни.

Внеклассное чтение

Об А.И. КУПРИНЕ

Он был «един и многолик». «Един» потому, что был Александром Ивановичем Куприным — художником слова, своеобразным и неповторимым. «Многолик», потому что были и ещё Куприны: один — грузчик, другой — рыбак, третий — спортсмен, а ещё — носильщик на вокзале, певец в хоре. И много, много других. Но все они жили в одном человеке — писателе Куприне.

Почему так часто менял он свои профессии? Какая сила заставляла надевать его каску и мчаться на пожарных лошадях? Что заставляло его разгружать баржи с арбузами, кирпичом, цементом? Не решил ли он изучить все профессии, чтобы показывать жизнь во всём её многообразии?!

Всё было проще: он был любопытным и любознательным человеком. Его любопытство вызывал и новый вид труда, и новые люди, занятые в нём. Ведь профессия оставляет на человеке свой след, делает одного непохожим на другого. «Среди грузчиков в одесском порту, фокусников, воров и уличных музыкантов, — говорил Куприн, — встречались люди с самыми неожиданными биографиями — фантазёры и мечтатели с широкой и нежной душой».

Когда Александр Иванович решил стать рыбаком, он никому не сказал, что он писатель, и так же, как все, тянул сети, разгружал баркас, мыл палубу после рейсов.

Тяжёлый физический труд помогал ему: писатель страдал, если ему приходилось подолгу сидеть в четырёх стенах кабинета.

Любопытно, что Куприна меньше всего тянуло к людям «интеллигентного» и «канцелярского» труда. Он был уверен: ничто не даёт такой богатый материал, как близкое знакомство с простыми людьми. Участие в труде, а не взгляд на него со стороны становилось для Куприна стимулом творчества, питало его знания и фантазию.

Бурный темперамент не давал писателю подолгу заниматься литературным трудом. Он так же резко охладевал к работе, как горячо и энергично начинал её. Даже во время творческого подъёма писатель мог бросить рукопись, если случайно встречал «интересного человека», он мог писать в таких условиях, в которых другой литератор не придумал бы и двух фраз.

Иногда Куприн вдруг останавливал работу, бросал на половине, если понимал, что не находит нужных слов. Он трудился как мастер-ювелир. Точное слово, услышанное случайно, афоризм, художественная деталь — всё записывал Куприн в записную книжку. Придёт время — и всё будет необходимо. Книжки хранят сотни таких заметок, кусочков разговоров.

Год проходит за годом. Писатель всё дальше уходит от нас в историю. Не стареют лишь его книги.

(По Б.Д. Челышеву. В поисках пропавших рукописей)

12

ТРАДИЦИИ. ОБЫЧАИ. ПРАЗДНИКИ

Задание 1. Ответьте на вопросы.

Какие русские традиции и обычаи вы знаете? Какие русские праздники вам известны? Какие традиции и обычаи вашей страны кажутся вам наиболее оригинальными? Какие праздники отмечаются в вашей стране? Какой ваш самый любимый праздник? Знаете ли вы выражение: *встречать хлебом и солью?*

> Поздравляю Вас с **наступающим** Новым годом! (с чем?)
> Я пригласил друга, **позвонившего** мне, на день рождения.
> На праздничном вечере, **организованном** нашими студентами, было весело.
> Новогодняя ёлка уже **куплена**.

Прочитайте текст. Обратите внимание на выделенные конструкции.

С Новым годом! С новым счастьем!

Как быстро летит время! Незаметно прошло оно и для наших старых знакомых: Ивана Петровича, Клауса, Хуссейна, Ирены, Тома. Уже год маленькой Мари — дочери Сирпы, **родившейся** 25 декабря. Вот ведь как бывает — два праздника одновременно! Но совсем скоро и третий — Новый год. Сирпа решила отметить его по-русски. А вы знаете, как встречают Новый год русские?

Новый год — самый любимый и весёлый праздник в России. Уже в середине декабря начинается новогодняя суета. Все бегают по магазинам, покупают подарки своим родным и друзьям, посылают поздравления по факсу или по электронной почте. Открываются ёлочные базары. На площадях, улицах, в магазинах стоят огромные ёлки, **украшенные** разноцветными лампочками и яркими игрушками. Здесь можно встретиться с Дедом Морозом и Снегурочкой, которые поздравляют всех с **наступающим** Новым годом.

А накануне Нового года в каждой квартире уже стоит ёлка, под которой ждут своего часа новогодние подарки.

Продукты для праздничного стола уже **куплены**.

31 декабря на кухне кипит работа. Готовят всё самое вкусное — закуски, горячее, пироги. «Ну как можно в Новый год не приготовить утку с яблоками?» — говорят одни. «Мы не представляем праздничный стол без гуся», — заявляют другие. Да, у каждой хозяйки есть своё фирменное блюдо, которым она очень гордится.

К вечеру всё готово. Праздничный стол накрыт, и вся семья садится проводить старый год, вспомнить то хорошее, что было в **уходящем** году.

Стрелки часов приближаются к 12. Все сидят за столом. По всем телевизионным каналам транслируют новогоднее поздравление президента страны. С боем курантов поднимаются бокалы с шампанским и звучат слова: «С Новым годом! С новым счастьем!» По телевизору начинается традиционная и любимая всеми передача «Голубой огонёк», в которой выступают известные артисты, юмористы, певцы.

Вот и пришло время посмотреть, какие подарки положил под ёлку Дед Мороз. В доме звучит смех, музыка, шутки и поздравления. Молодёжь идёт на улицу, где начинаются народные гуляния. Праздник продолжается до утра.

Как приятно проснуться днём 1 января, увидеть разноцветные игрушки и гирлянды, почувствовать запах ёлки, позвонить друзьям по телефону. Всё это напоминает о детстве и рождает в душе надежду на счастье, уверенность в том, что всё будет хорошо...

러시아어 회화 2 | **Урок 12 (двенадцать)**

Ответьте на вопросы:

1. Когда́ в Росси́и начина́ют гото́виться к Но́вому го́ду?
2. Каки́е приме́ты Но́вого го́да мо́жно уви́деть на у́лицах?
3. Как вы ду́маете, почему́ нового́дние пода́рки кладу́т под ёлку?
4. Почему́ ру́сские садя́тся за стол до наступле́ния Но́вого го́да?
5. С чего́ начина́ется встре́ча Но́вого го́да?
6. Как она́ продолжа́ется?
7. Почему́ 1 января́ у всех хоро́шее настрое́ние?

Что делать?	*Что они делают?*	*Какой?*	*Пример*
жить	жив-*у́т*	жив-*у́щ*-ий (-ая, -ее, -ие)	Мой брат, живу́щий в Москве́, неда́вно жени́лся. (=Мой брат, кото́рый живёт в Москве́, неда́вно жени́лся.)
танцева́ть	танцу́-*ют*	танцу́-*ющ*-ий (-ая, -ее, -ие)	Балери́на, танцу́ющая в э́том спекта́кле, — моя́ подру́га. (=Балери́на, кото́рая танцу́ет в э́том спекта́кле, — моя́ подру́га.)
лежа́ть	леж-*а́т*	леж-*а́щ*-ий (-ая, -ее, -ие)	Кни́ги, лежа́щие на столе́, я взял в библиоте́ке. (=Кни́ги, кото́рые лежа́т на столе́, я взял в библиоте́ке.)
стоя́ть	сто-*я́т*	сто-*я́щ*-ий (-ая, -ее, -ие)	Ва́зу, стоя́щую на столе́, мне подари́ли друзья́. (=Ва́зу, кото́рая стои́т на столе́, мне подари́ли друзья́.)

Что делать? Что сделать?	Что делал? Что сделал?	Какой?	Пример
расска́зывать/ рассказа́ть	расска́зыва-л/ рассказа́-л	расска́зыва-вш-ий/ рассказа́-вш-ий (-ая, -ее, -ие)	Челове́к, расска́зывавший/ рассказа́вший э́ту исто́рию, — журнали́ст. (= Челове́к, кото́рый расска́зывал/ рассказа́л э́ту исто́рию, — журнали́ст.)
нести́/ принести́	нёс/принёс	нёс-ш-ий/ принёс-ш-ий (-ая, -ее, -ие)	Челове́к, нёсший чемода́н, останови́лся. (= Челове́к, кото́рый нёс чемода́н, останови́лся.) Молодо́й челове́к, принёсший ро́зы, — жени́х мое́й сестры́. (= Молодо́й челове́к, кото́рый принёс ро́зы, — жени́х мое́й сестры́.)

Упражне́ние 1. Замени́те предложе́ния синоними́чными, испо́льзуя констру́кции со сло́вом *кото́рый*.

1. Студе́нт, око́нчивший университе́т, на́чал рабо́тать в фи́рме.
2. Рабо́тающие на на́шем заво́де специали́сты уе́хали в командиро́вку.
3. Я знако́м с журнали́стом, подгото́вившим репорта́ж о встре́че двух президе́нтов.
4. В наш университе́т приезжа́ли арти́сты, игра́вшие в но́вом фи́льме.
5. В газе́те была́ статья́ о худо́жнике, написа́вшем э́ту карти́ну.
6. Мой друг, живу́щий в Нью-Йо́рке, ле́том прие́дет в Петербу́рг.
7. Я подошёл к стоя́вшей на остано́вке де́вушке и спроси́л, как дое́хать до Эрмита́жа.

Упражнение 2. Замените предложения синонимичными, используя активные причастия в форме настоящего и прошедшего времени.

1. Пианист, который приехал из Австралии, выступал в Большом зале филармонии.
2. Я рассказывал тебе о преподавателе, который работает в нашем университете.
3. Она написала письмо родителям, которые живут в другом городе.
4. Мы познакомились со студентами, которые изучают арабский язык.
5. Вчера Том смотрел передачу об учёном, который получил Нобелевскую премию.
6. Я открыл окно, которое выходит в сад.
7. Дети, которые играли в саду, пошли обедать.

Упражнение 3. Закончите предложения, используя данные словосочетания.

1) *девушка, живущая в соседнем доме*

   Я поздоровался ....
   Сергей спросил меня ....
   Я не знаю ....

2) *режиссёр, снявший этот фильм*

   Мы были на встрече ....
   Я взял автограф ....
   Первый приз дали ....

3) *профессор, читавший лекции по литературе*

   Они сдавали экзамен ....
   Недавно вышла книга ....
   Я познакомлю тебя ....

4) *дети, играющие во дворе*

   Я подошёл ....
   Вика спросила, где находится дом № 5 ....
   Родители позвали домой ....

Что сделать?	Что сделал?	Какой?	Пример
написа́ть	написа́-л	написа-**нн**-ый (-ая, -ое, -ые)	Рома́н «Евге́ний Оне́гин», *напи́санный* (*кем?*) **Пу́шкиным** в 1831 году́, име́л большо́й успе́х. (=Рома́н «Евге́ний Оне́гин», *кото́рый написа́л Пу́шкин* в 1831 году́, име́л большо́й успе́х.)
постро́ить	постро́и-л	постро́-**енн**-ый (-ая,-ое, -ые)	Исаа́киевский собо́р, *постро́енный* (кем?) **Монферра́ном**, — оди́н из са́мых краси́вых в Петербу́рге. (=Исаа́киевский собо́р, *кото́рый постро́ил Монферра́н*, — оди́н из са́мых краси́вых в Петербу́рге.)
закры́ть	закры́-л	закры́-**т**-ый (-ая,-ое, -ые)	За́лы музе́я, *закры́тые* на реставра́цию, откро́ются в сентябре́. (= За́лы музе́я, *кото́рые закры́ли* на реставра́цию, откро́ются в сентябре́.)

Упражнение 4. Замените предложения синонимичными, используя конструкции со словом *который*.

1. Мы живём в до́ме, постро́енном в XIX ве́ке. 2. Ива́н прода́л маши́ну, ку́пленную два го́да наза́д. 3. Мне о́чень нра́вится плато́к, пода́ренный подру́гой. 4. Кни́гу, забы́тую студе́нтом, взял преподава́тель. 5. Статья́, напи́санная э́тим журнали́стом, име́ла большо́й успе́х. 6. Вы верну́ли в библиоте́ку прочи́танные кни́ги? 7. Мне не понра́вился фильм, пока́занный вчера́ по пе́рвому кана́лу. 8. Преподава́тель испра́вил оши́бки, сде́ланные на́ми в контро́льной рабо́те. 9. Письмо́, полу́ченное из до́ма, меня́ удиви́ло. 10. Вот но́вый магази́н, откры́тый ме́сяц наза́д.

Упражнение 5. Закончите предложения, используя данные словосочетания.

1) *картина, нарисованная молодым художником*
   Я купил ....
   Мой друг показал мне ....
   Мне понравилась ....

2) *город, основанный Петром I*
   Мы живём ....
   Пушкин написал поэму ....
   Я гуляю ....

3) *учебник, написанный Иваном Петровичем*
   В магазине продаётся ....
   Ирена рассказала мне ....
   У Клауса ещё нет ....

4) *ёлка, украшенная игрушками*
   Дети смотрели на ....
   Подарки лежали ....
   Ребёнок подошёл ....

Сравните:

Роман «Евгений Онегин», *написанный* Пушкиным в 1831 году, имел большой успех.	Роман «Евгений Онегин» *написан* Пушкиным в 1831 году.
Залы музея, *закрытые* на реставрацию, откроются в сентябре.	Залы музея *закрыты* на реставрацию.

**Петербург основал Пётр Первый. —
Петербург основан Петром Первым. —
Петербург, основанный Петром Первым, называют культурной столицей России.**

**Написан (написана, написано, написаны)
Закрыт (закрыта, закрыто, закрыты)**

Упражнение 6. Ответьте на вопросы, используя слова из скобок.

1. Кто написа́л э́тот рома́н? Кем напи́сан э́тот рома́н? (изве́стный писа́тель) 2. Кем осно́ван го́род на Неве́? Кто основа́л го́род на Неве́? (ру́сский импера́тор Пётр I) 3. Кем постро́ен э́тот дворе́ц? Кто постро́ил э́тот дворе́ц? (италья́нский архите́ктор) 4. Кто откры́л зако́н? Кем откры́т зако́н? (англи́йский учёный Ньюто́н) 5. Кем поста́влен спекта́кль? Кто поста́вил спекта́кль? (молодо́й режиссёр)

Упражнение 7. а) Измените предложения по модели.

Модель: Обе́д пригото́вила моя́ ма́ма.
Обе́д пригото́влен мое́й ма́мой.

1. Анекдо́т рассказа́л мне друг. 2. Письмо́ отпра́вил брат. 3. Фи́рму со́здал америка́нский бизнесме́н. 4. Фильм показа́ли по телеви́зору. 5. Я получи́л телегра́мму ве́чером. 6. Окно́ вы́мыла ма́ма. 7. Дверь закры́л преподава́тель.

б) Замените получившиеся предложения предложениями с пассивными причастиями в полной форме.

Модель: Анекдо́т расска́зан дру́гом.
Анекдо́т, расска́занный дру́гом, был несмешно́й.

> Музе́й закры́т.
> Музе́й был закры́т.
> Музе́й бу́дет закры́т.

Упражнение 8. Измените предложения. Замените глаголы краткими причастиями в нужной форме.

1. Строи́тельство шко́лы зако́нчили в ию́ле. 2. Э́тот текст я прочита́ю за́втра. 3. Э́тот рома́н перевели́ на мно́гие языки́. 4. Вы́ставку откры́ли два ме́сяца наза́д. 5. Мы купи́ли биле́ты в теа́тр зара́нее. 6. Мы сде́лаем рабо́ту на сле́дующей неде́ле. 7. Он напи́шет письмо́ за́втра.

Упражнение 9. Поставьте вопросы к выделенным словам.

1. Аме́рика была́ откры́та **Колу́мбом**. 2. Актёр, **сыгра́вший роль Га́млета**, о́чень понра́вился зри́телям. 3. Фильм **«Война́ и мир»** был снят Серге́ем Бондарчуко́м. 4. Рома́н «Дон Кихо́т» написа́л **Серва́нтес**. 5. Но́вая ста́нция метро́ бу́дет постро́ена **о́коло Адмиралте́йства**. 6. Петербу́рг был осно́ван **в 1703 году́**. 7. Нам понра́вились достопримеча́тельности, **пока́занные экскурсово́дом**. 8. Но́вый бале́т бу́дет поста́влен молоды́м **балетме́йстером**.

러시아어 회화 2 | Урок 12 (двенадцать)

Готовимся к разговору

Задание 1. Посмотрите на фотографию. Прочитайте информацию. Расскажите об этих достопримечательностях, используя конструкции с причастиями.

Эрмитаж.
Архитектор Растрелли

Петропавловская крепость.
Архитектор Трезини

Адмиралтейство.
Архитектор Захаров

Русский музей.
Архитектор Росси

Казанский собор.
Архитектор Воронихин

Задание 2. Скажите, кто кого с чем поздравляет и что говорит.

Задание 3. а) Допишите поздравительные открытки.

б) Напишите поздравления

— подруге, родившей сына;
— друзьям в день серебряной свадьбы;
— с днём 8 Марта.

Урок 12 (двенадцать)

Задание 4. **Составьте диалоги на основе предложенных ситуаций.**

1. Ваш друг пригласил вас в гости. Вы понимаете, что в его семье праздник, но не знаете какой. Расспросите его об этом.

2. Муж и жена собираются на юбилей, где будет много гостей. Они опаздывают, но жена ещё не готова. Муж торопит её, она считает, что у них ещё много времени.

3. Вы собираетесь встречать Новый год все вместе. Обсудите, где это можно сделать, кого вы пригласите, что приготовите, как будете отмечать.

Задание 5. **Объясните, как вы понимаете следующие выражения:** *пир горой; в гостях хорошо, а дома лучше; незваный гость хуже татарина; чем богаты, тем и рады.* **Придумайте ситуации, в которых их можно употребить.**

Задание 6. **Прочитайте диалоги про себя, обратите внимание на выделенные слова и словосочетания, типичные для русской разговорной речи. Прослушайте диалоги в записи. Прочитайте их вслух. На основе полученной информации расскажите о празднике** *8 Марта* **и** *старом Новом годе*.

Диалог 1

— Таня, что вы будете делать 8 марта?

— 8 марта? Думаю, сначала всё будет как обычно. Когда я буду ещё спать, муж приготовит завтрак, накроет стол, на котором обязательно будут стоять цветы. Потом я встану, мы будем завтракать. Он будет

ухаживать за мной, как в первый день нашей встречи. Подарит что-нибудь традиционное: духи или косметику. Потом пригласит меня куда-нибудь. Может быть, в ресторан, а может быть, вечером в театр.

— **Какой молодец!** Он делает для тебя настоящий праздник!

— Да. 8-го марта он **всё берёт на себя**. А твой?

— Мой? Ему труднее. Ты же знаешь, что в нашей семье пять женщин: я, моя мама, его мама и наши дочки — Катя и Лена.

— **Бедный!** Ему надо купить пять подарков и пять букетов цветов!

— Он нашёл выход. Дарит нам то, что хочет иметь сам. В прошлом году он подарил мне огромный торт, но ты же знаешь, какой он сладкоежка, сам и съел **добрую половину**. Старшей дочери подарил тостер, младшей — кофеварку. И теперь каждое утро на завтрак готовит себе кофе с тостами. А своей маме... **Ты не поверишь!** Он подарил удочку и сказал, что ей надо больше бывать на свежем воздухе. Представляешь, как она была «рада».

— **С ума сойти!** Как интересно! Вы не скучаете!

— Нет, нам всегда весело. Посмотрим, какие сюрпризы нас ждут в этом году.

Диалог 2

— Йенс, приходи к нам на старый Новый год.

— Как это на старый Новый год? Я не понял.

— Очень просто. 13 января мы отмечаем ещё один Новый год.

— А почему? И почему 13 января?

— **Дело в том,** что долгое время в России был другой календарь. И год начинался на 13 дней позже, чем в Европе. Когда в России было 1 января, в Европе было уже 13 января. Потом Россия стала жить по европейскому календарю. Но традиция осталась, и мы называем этот день старым Новым годом.

— **Здорово!** Теперь я понимаю, почему вы справляете Рождество 7 января, после Нового года.

— Да. Рождество отмечается по-старому, потому что так решила православная церковь.

— Как много праздников у вас в январе!

— Да, немало. Но не все отмечают старый Новый год. Это неофициальный праздник. Но мы с друзьями всегда встречаемся в этот вечер у меня дома. Приходи обязательно.

— Спасибо, приду.

러시아어 회화 2 | **Урок 12 (двенадцать)**

Задание 7. Посмотрите на рисунки. Назовите действующих лиц этой истории. Как жених отметил с друзьями свою предстоящую свадьбу? Задайте друг другу вопросы по каждому рисунку. Расскажите (напишите) на основе рисунков всю историю. Расскажите (напишите) эту историю от лица одного из героев, скажите, как вы поступили бы на его месте. Придумайте название этой истории.

Давайте поговорим!

1. Расскажите о ваших национальных праздниках. Как их принято отмечать?

2. В России отмечают также профессиональные праздники (День учителя, День железнодорожника, День медицинского работника, День строителя) и юбилейные знаменательные даты (день рождения А.С. Пушкина, День города, День победы, День конституции) и т.п. Есть ли такие праздники в вашей стране?

3. Не только люди, но и города отмечают праздники. Город украшают флагами, разноцветными лампочками, днём проходят народные гулянья, во время некоторых праздников вечером бывает салют или фейерверк. Как выглядят праздничные города в вашей стране?

4. Старый Новый год, Масленицу отмечают только в России. Это типичные русские праздники. Есть ли какой-то праздник, который отмечают только в вашей стране?

5. Какие подарки принято дарить в вашей стране на Рождество? Дарят ли подарки на другие праздники? На какие?

6. В старину в России гостей встречали хлебом и солью. Есть ли подобные традиции у вас в стране?

Повторение — мать учения

Слова и словосочетания, которые помогут вам поговорить о традициях и обычаях

ТРАДИ́ЦИЯ, ОБЫ́ЧАЙ
ПРА́ЗДНИК (НАЦИОНА́ЛЬНЫЙ, ПРОФЕССИОНА́ЛЬНЫЙ, СЕМЕ́ЙНЫЙ, ЖЕ́НСКИЙ)
ЮБИЛЕ́ЙНАЯ, ЗНАМЕНА́ТЕЛЬНАЯ ДА́ТА
ОТМЕЧА́ТЬ/ОТМЕ́ТИТЬ, ПРА́ЗДНОВАТЬ/ОТПРА́ЗДНОВАТЬ (*что? какой праздник?*)
ПРИГЛАША́ТЬ/ПРИГЛАСИ́ТЬ (*кого? на что? к кому? куда?*)
НАКРЫВА́ТЬ/НАКРЫ́ТЬ СТОЛ
ПРА́ЗДНИЧНЫЙ СТОЛ
ПОЗДРАВЛЯ́ТЬ/ПОЗДРА́ВИТЬ (*кого? с чем?*)
ЖЕЛА́ТЬ/ПОЖЕЛА́ТЬ (*кому? чего?*)
ДАРИ́ТЬ/ПОДАРИ́ТЬ (*кому? что?*)
ВСТРЕЧА́ТЬ/ВСТРЕ́ТИТЬ НО́ВЫЙ ГОД
УКРАША́ТЬ/УКРА́СИТЬ (*что? чем?*)

러시아어 회화 | **Урок 12 (двенадцать)**

Задание 1. Перечислите праздники, которые отмечают в вашей стране, и дайте им определения (национальный, семейный и т.п.). Расскажите о них.

Задание 2. Расскажите (напишите) о каком-нибудь интересном национальном обычае.

Задание 3. Кому из этих людей вы пожелаете *успехов в работе, хорошего отдыха, здоровья и счастья, долгих лет жизни, большой любви, удачи во всех делах*:

Игорь и Маша недавно поженились.
Сергей окончил институт и скоро начнёт работать в больнице.
Сергею Викторовичу сегодня 60 лет.

Задание 4. Что вы пожелаете людям, которые говорят:

У меня родился сын!
Мы купили новую квартиру!
У бабушки и дедушки сегодня золотая свадьба!
Моя дочь стала чемпионкой мира!
Я получила диплом инженера!

Задание 5. Напишите русскому другу письмо на одну из тем:

Как встречают Новый год в моей стране.
Мой самый любимый праздник.
Самый счастливый день в моей жизни.

Внеклассное чтение

МАСЛЕНИЦА

Масленица — очень весёлый и любимый русским народом праздник, который отмечают за семь недель до Пасхи в конце февраля — начале марта.

Масленицу везде ждали с большим нетерпением. В некоторых местах Масленицу начинали встречать за неделю до её прихода. В Калужской области хозяйка, начиная заранее печь блины, посылала мальчика лет 8–10 «встречать Масленицу». Она давала ребенку блин, с которым он бегал по огороду и кричал: «Прощай, зима морозная! Здравствуй, лето красное!»

В масленичную неделю у всех было много дел. Но сил хватало на всё, так как везде царила атмосфера радости и веселья.

Масленицу открывали дети. Они делали из снега горы, поднимались наверх и кричали: «Приезжай, Масленица!» Потом съезжали с гор с криком: «Приехала Масленица!»

Блины — символ Масленицы. У каждой хозяйки был свой рецепт приготовления блинов, она никому его не давала. Это был большой секрет. Блинов на Масленицу ели огромное количество. В деревнях дети и взрослые ходили по домам и просили блины. Если хозяйка подавала мало, то ей кричали: «Блины плохие!» — и убегали.

Традиционное занятие на Масленицу — катание с гор и на тройках. На тройках ездили наперегонки, с шутками и поцелуями, пели песни, играли на гармони. В этом катании не принимали участия только младенцы и глубокие старики.

Центральной фигурой праздника была Масленица — кукла из соломы (чучело). В последний день масленичной недели проходили проводы Масленицы. В деревнях это был настоящий спектакль с пением, с плачем, со смехом. У костра собиралось много народу, было весело. С Масленицей прощались и в шутку, и всерьёз: «Масленица, прощай! А на тот год опять приезжай!» У костра, сжигая Масленицу, люди вспоминали, что наступает Великий пост перед Пасхой: «Не всё коту масленица, будет и великий пост». Последнее воскресенье праздника называлось «прощёное воскресенье»: люди просили друг у друга прощения за все обиды, вспоминали умерших родных.

...Праздник всегда быстро кончается, но память о весёлых масленичных днях сохранилась в пословице: «Не жизнь, а масленица».

Рецепт блинчиков

Необходимые продукты: 2 стакана муки, 3 стакана молока, два яйца, пол чайной ложки сливочного масла, пол чайной ложки сахарного песка, пол чайной ложки соли.

Яйца, соль, сахарный песок, масло (мягкое) растереть ложкой, добавить молоко. Потом всё это вливать, постоянно помешивая, в муку. Тесто должно быть жидким и без комков. Перед тем как жарить блинчики, горячую сковороду необходимо смазать жиром (лучше всего шпиком). Тесто наливают на горячую сковороду, покачивая её, чтобы оно легло ровным и тонким слоем. Жарить с двух сторон, так, чтобы каждая сторона зарумянилась.

단어사전 / Словарь

А

абрико́с	살구
ава́рия	사고, 조난
автосе́рвис	자동차 정비소, 카 센터
агити́ровать нсв / сагити́ровать св	선동을 하다
аналити́ческий	분석의, 분해의
антреко́т	소의 갈비살
арифме́тика	산수, 산술
ассорти́	여러 가지를 취합한 물건
атле́т	경기자, 운동가

Б

ба́бка	할머니, 노파, 산파
балетме́йстер	발레의 연출자
балко́н	발코니, 위층 정면 관람석
бара́нина	양고기
ба́ржа	갑판이 없는 화물선
барка́с	대형 보트, 작은 증기선
бе́жевый	베이지 색의
безде́тный	자식이 없는
безымя́нный	무명의, 이름이 없는
бензи́н	가솔린, 휘발유
бензоколо́нка	급유기, 주유소
бере́т	베레모
беспоря́док	무질서
беф-стро́ганов	쇠고기 요리 이름
би́ржа	거래소
близне́ц	쌍둥이
блокно́т	서류철
блонди́нка	금발머리의 여자
боеви́к	액션 영화
бока́л	샴페인 잔, 와인 잔
босико́м	맨발로
борода́	턱수염
боти́нки	복사뼈까지 올라오는 구두, 앵클부츠
боя́рский	귀족의
брак	결혼
брак по любви́	연애 결혼
брак по расчёту	돈, 신분을 목적으로 하는 결혼
бри́ться нсв / побри́ться св	면도하다
брюне́т	갈색 머리의 남자
бытово́й	일상생활의, 세태의
бытова́я те́хника	가전제품
бюрокра́т	관료, 관료주의자

В

ваго́нчик	객차, 차량
вера́нда	베란다
вестибю́ль	공공건물의 현관
ветерина́р	수의사, 수의과생
ватру́шка	응유를 넣은 빵
ве́шать нсв / пове́сить св	걸다
веще́ственный	물질적인, 실질적인
взаимопонима́ние	상호이해
вибри́ровать	진동하다, 진동시키다
винегре́т	야채에 식초, 겨자를 넣은 샐러드
ви́нный	포도주의, 술의
висе́ть нсв / повисе́ть св	걸려있다
вложи́ть	넣다, 삽입하다
во́время	때마침, 적시에
во́доросль	물에 사는 은화식물
воева́ть нсв / повоева́ть св	전쟁하다, 싸우다
возмуща́ться нсв / возмути́ться св	격앙하다, 반란을 일으키다
возникнове́ние	발생

ненави́деть нсв / возненави́деть св	
	미워하다, 증오하다
во́рот	옷깃
восприя́тие	지각
восхище́ние	황홀, 열광
впосле́дствии	나중에
вска́кивать нсв / вскочи́ть св	
	뛰어서 앉다
встра́ивать нсв / встро́ить св	
	증축하다
встро́енный	증축된
вулка́н	화산
выда́вливание	짜는 것
выде́ргивать нсв / вы́дернуть св	
	뽑다
вы́езд	외출, 출발
выжива́ние	생존
вызубри́вать нсв / вы́зубрить св	
	기계적으로 암기하다
выпуска́ть нсв / вы́пустить св	
	방출하다, 방면하다
вытя́гиваться нсв / вы́тянуться св	
	늘어나다
лицо́ вы́тянулось	놀란 표정을 짓다
выходно́й	휴일

Г

газе́тчик	신문기자, 저널리스트, 신문판매원
галантере́я	잡화점
галёрка	상층의 좌석, 대중석
гама́к	해먹
гарни́р	곁들이
гво́здик	못
гирля́нда	꽃다발
гла́дить нсв / погла́дить св	
	다림질하다, 어루만지다
гла́дкий	미끄러운, 평평한
гологоло́вый	대머리의, 모자를 안 쓴
голубе́ц	양배추 잎에 고기를 말아서 찐 요리
горби́нка	작은 융기
нос с горби́нкой	매부리코
го́рничная	하녀, 여종
гости́ная	거실

гастроли́ровать нсв / погастроли́ровать св	
	순회공연하다
гастро́ль	순회공연
грана́товый	석류의, 석류석의
гре́ча	메밀
гре́чневая ка́ша	메밀죽
гру́зчик	짐꾼, 인부
гурма́н	식도락가
густо́й	무성한, 짙은

Д

двойни́к	분신, 똑같이 생긴 사람
двойня́шка	쌍둥이의 한 명
сёстры-двойня́шки	쌍둥이 자매
двою́родный	사촌의
деликате́с	진미, 미식
де́льный	유능한, 진지한
демаги́ческий	민중 선동의, 선동주의의
деся́тка	번호 10을 붙인 것(전차, 버스 등)
дефекти́вный	심신에 결함이 있는
дефиле́	좁고 험한 길
диплома́т	외교관
диск-жоке́й	디스크 쟈키
джаку́зи	안마 욕조
дже́мпер	점퍼
доброду́шный	선량한, 친절한
домосе́д	집에 있기를 좋아하는 사람
домрабо́тница	가정부, 식모
достопримеча́тельность	명소
дублёнка	무스탕 코트
ду́ть нсв / ду́нуть св	불다
душ	샤워
принима́ть нсв / приня́ть душ св	
	샤워하다

Е

еди́ный	하나의
ерунда́	엉터리, 넌센스
естествозна́ние	자연과학

Ж

жа́воронок	종다리 일찍 자고 일찍 일어나는 사람
жалюзи́	블라인드, 버티컬
жонгли́ровать нсв / пожонгли́ровать св	저글링하다
жиле́т	조끼

З

забо́р	울타리, 담장
забыва́ться нсв / забы́ться св	졸다, 자의식을 상실하다, 인사불성이 되다, 공상에 빠지다, 기억에서 사라지다
задрема́ть св / дрема́ть нсв	잠시 동안 졸다
зажига́лка	라이터
заку́ска	전채, 반찬
заливно́й	물에 잠기는, 조미한 녹말국을 얹은
заме́тный	눈에 띄는, 탁월한
замора́живать нсв / заморо́зить св	냉동하다
зама́ривать нсв / замори́ть св	죽을 정도로 굶기다, 괴롭히다
замори́ть червячка́	허기를 채우다
запива́ть нсв / запи́ть (что чем) св	식사 후에 마시다, 입가심으로 마시다
за́понка	소매단추
запры́гать св / пры́гать нсв	뛰어오르다
заруми́ниться св / руми́ниться нсв	붉어지다(얼굴, 과일)
заскрести́ св / скрести́ нсв	긁다
застрахо́вывать нсв / застрахова́ть св	보험에 들다
затме́ние	일식, 월식
зерни́стый	알맹이 모양의, 입자가 큰
золото́й	금의, 귀중한, (성격이)좋은
зять	사위
неве́стка	며느리

И

идеа́льный	이상적인
извлека́ть нсв / извле́чь св	꺼내다, 끄집어내다
изобрета́тельность	창의력, 순발력
изы́сканный	세련된, 우아한
изя́щный	우아한, 멋진
индустри́я	공업
инициати́вный	주도적인, 솔선수범하는
интерье́р	인테리어
инфа́ркт	경색(병명)
иску́сный	능숙한, 숙련된

К

кабачо́к	술집, 작은 레스토랑
каби́на	객실, 선실
камерди́нер	시종
камерто́н	조율기, 튜너
канцеля́рский	사무의
карапу́з	아기, 몸집이 작고 뚱뚱한 사람
кадри́ль	4인조 무드, 카드릴, 4인조 무드곡
ка́ска	헬멧, 철모
катафа́лк	영구차, 영구대
кива́ть нсв / кивну́ть св	끄떡이다, 수긍하다
кипе́ть нсв	끓다
класть нсв / положи́ть св	놓다
клубни́ка	딸기
кляр	튀김 옷
ры́ба в кля́ре	생선 튀김
коко́совый	야자의
колго́тки	스타킹
колосса́льный	거대한, 대규모의
комо́к	덩어리
коммуна́лка (= коммуна́льная кварти́ра)	공동주택
коммуника́бельность	붙임성
компете́нтность	통달, 권위, 자격
компью́терщик	컴퓨터 전문가
конду́ктор	차장
канцеля́рский	사무용품의, 문구의

касáться нсв / коснýться св
접촉하다, 관계하다, 건드리다
кофéйник 커피 주전자
кошелёк 지갑
крáшеный 물들인, 화장한
кредúтный 신용의
кредúтная кáрточка 신용 카드
крéпость 요새, 농노제
криминалúстика 형법학
критикáнство 트집잡고 헐뜯는 것
кроссóвки 운동화
крýглый 원형의
кудря́вый 곱슬머리의
курнóсый 들창코의
кýртка 재킷
кусáть нсв / куснýть св
깨물다

Л

леснúчий 산림관
лежáть нсв 놓여있다
ложúться нсв / лечь спать св
잠자리에 들다
лы́сина 대머리
любознáтельность 지식욕
люкс 호화로운

М

магистрáль 본선,
간선(철도, 전기, 전화, 수도 등)
малахúт 공작석
мáменькин 어머니의(고어)
мáменькин сынóк 마마보이
манéрность 매너리즘
маринóванный 식초에 절인
маршрýтка 노선버스
Мáсленица 부활절 8주전의 카니발, 봄맞이 축제
маслёнка 식탁용 버터그릇
мастерскáя 작업실
мать-одинóчка 홀어머니
металлýрг 야금학자, 야금공
метеорóлог 기상학자
многолúкий 다양한
многоэтáжный 고층의
мóкрый 습한, 젖은
малоéжка 적게 먹는 사람
молóчник 우유 넣는 그릇
морщúна 주름살
мя́гкий 부드러운
мя́гкая мебель 폭신폭신한 가구(침대,소파,안락의자 등)

Н

навёрстывáть нсв / навéрстать св
메우다, 보충하다
наперегонкú 앞을 다투어
нарýжный 표면의
насмешúть св / смешúть нсв
웃음거리로 만들다, 웃기다
насмешлúвый 조소적인
недооцéнивать нсв / недооценúть св
과소평가하다
нелéпость 어리석은 것, 넌센스
нелóвкость 난처함, 어색함
нервúровать нсв 신경을 거스르다, 안달나게 하다
нéуч 무식한 사람, 교육받지 못한 사람
новострóйка 새 건물, 새 마을
носкú 양말

О

обúда 속상함, 울화
обúдеть св / обижáть нсв
괴롭히다, 속상하게 하다
обúдеться св / обижáться нсв
속상하다, 화나다
обжóра 걸신들린 사람, 대식가
обкрáдывать нсв / обокрáсть св
훔치다, 약탈하다
обменя́ть св / обмéнивать нсв
바꾸다, 환전하다
обречённый 멸망할 운명에 있는
обстáвить 에워싸다, 비치하다, 준비하다
обы́денный 평범한, 흔해빠진
обы́чай 풍속, 관습
огорóд 야채밭

огорча́ть нсв огорчи́ть св	괴롭히다, 슬프게 하다	подми́гивать нсв / подмигну́ть св	윙크하다
окра́ина	변두리의	подно́с	쟁반
окро́шка	끄바스에 야채와 고기를 넣은 찬 수프	подо́лгу	오랫동안, 오래
ола́дья	두껍게 구운 핫케이크	подсо́лнечный	해바라기의, 양지바른
ориенти́роваться нсв / сориенти́роваться св	방향을 잡다, 자기가 있는 장소를 알다	подсу́шиваться нсв / подсуши́ться св	조금 말리다, 바삭바삭해지다
осетри́на	용철갑상어 고기	подраба́тывать нсв / подрабо́тать св	부업으로 돈을 벌다 (아르바이트 하다)
отде́лка	완성, 장식	пое́здка	여행
отзы́вчивость	동정심	пожа́рник	소방대원
отменя́ть нсв / отмени́ть св	폐지하다, 취소하다	пожа́рный	화재의, 소방수
отодвига́ть нсв / отодви́нуть св	옮겨놓다, 움직이다	полице́йский	경찰의, 경찰관
рвать нсв / оторва́ть св	찢다	маха́ть нсв / помаха́ть св	흔들다
о́тчий	아버지의	меша́ть нсв / поме́шивать св	젖다, 반죽하다
отъе́зд	외출, 출발, 떠나감	поросёнок	새끼 돼지
		портве́йн	포트와인
		пост	정진, 재계 기간
		Вели́кий пост	부활절 전의 40일간의 대제 기간

П

па́луба	갑판	постскри́птум	추신
пансиона́т	식사제공 펜션	поте́ха	심심풀이, 위안, 오락
парфюме́рия	화장품	похища́ть нсв / похи́тить св	약탈하다
па́ста	연고	по́хороны	매장, 장례식
Па́сха	그리스도 부활제, 유월절	почти́тельный	존경하는, 정중한
перебира́ть нсв / перебра́ть св	선별, 정리하다	шевели́ться нсв / пошевели́ться св	약간 움직이다
пере́дняя	현관	по́шлость	저속함, 범속함
занима́ться нсв / перезанима́ться св	일 또는 공부를 너무 많이 하다	появле́ние	출현
переключа́ть нсв / переключи́ть св	스위치를 돌리다, 바꾸다	практикова́ть нсв	실제에 응용하다, 개업해서 활동하다(의사, 변호사)
перекуси́ть св / переку́сывать нсв	요기하다, 간식을 먹다	практи́чный	실제의, 실용적인, 노련한
петру́шка	파슬리	пре́док	조상, 선조
пиджа́к	신사복 상의	предпочита́ть нсв / предпоче́сть св	더 좋아하다, 선호하다
пир	연회, 주연	премье́ра	첫 공연
пир горо́й	매우 푸짐한 식사, 연회	пренебрежи́тельный	경멸하는, 무시하는
пиро́жное	생과자, 조각 케이크	преиму́щество	특권
пирожо́к	파이	пре́сный	싱거운
писк	빽빽 소리	пресс папье́	잉크를 흡수하는 기구
плащ	트렌치 코트	прете́нзия	요구, 청구, 불만, 불평

привози́ть нсв / привезти́ св	들여오다, 반입하다, 수입하다	разбира́ться нсв / разобра́ться св	충분히 연구 해명하다
прили́чный	예절바른, 적당한	разбо́й	강도 행위, 약탈
приобща́ть нсв / приобщи́ть св	관여시키다, 가입시키다	развлека́тельный	오락의
припомина́ть нсв / припо́мнить св	상기하다, 생각해 내다, 복수하려고 잊지 않고 있다	разводи́ться нсв / развести́сь с кем св	이혼하다
присмо́тр	감시, 감독	раздева́ться нсв / разде́ться св	옷을 벗다
приспособле́ние	적응, 순응, 설비, 장치	разрыва́ться нсв / разорва́ться св	찢어지다, 망가지다
причёсывать нсв / причеса́ть св	머리를 빗다	рассо́льник	절인 오이를 넣은 고기, 생선 수프
пришива́ть нсв / приши́ть св	꿰매다, 때려박다, 끌어들이다, 누명을 씌우다	расспроси́ть св / расспра́шивать нсв	자세하게 묻다
про́ба	시도, 시험, 검사	растере́ть св / растира́ть нсв	갈아서 부수다, 문지르다, 칠하다, 안마하다
проговарива́ть нсв / проговори́ть св	일정 시간을 담화로 보내다	реаги́ровать нсв / отреаги́ровать св	반응하다
проголода́ться	시장기를 느끼다	реве́ть	울부짖다, 윙윙거리다
программи́ст	프로그래머	ревни́вый	질투심이 강한
прое́зд	통과, 통로	регламенти́ровать нсв / отрегламенти́ровать св	규칙, 규정을 정하다
происше́ствие	사건	реди́ска	흰 무, 빨간 무
прони́зывать нсв / прониза́ть св	실에 꿰다, 스며들다, 꿰뚫다	режи́м	규율, 규범
		реконструи́ровать	개편하다, 재건하다
пропада́ть нсв / пропа́сть св	사라지다, 없어지다	репертуа́р	상연목록, 연주목록
про́бка	교통체증	репети́ция	총연습
проте́ст	항의, 이의 신청	репроду́кция	재생산
протяжённость	연장, 널리 뻗어있음	реши́мость	결단력, 결의
пта́шка	작은 새	рубе́ж	경계선, 국경
публи́чный	공개의, 공공의	ру́гань	욕, 욕설
публи́чная библиоте́ка	공공 도서관	румя́на	연지
пу́таница	분란, 혼란	румя́нец	홍조
путеводи́тель	여행 안내서		
пу́хлый	포동포동한		
пухови́к	털 파카		
пюпи́тр	감시, 감독		

Р

радика́льный	급진적인, 근본적인
радио́ла	라디오 겸용 전기 축음기

С

сала́тник	샐러드 담는 그릇
салю́т	경례, 예포, 불꽃놀이
самолю́бие	자존심, 자부심
са́харница	설탕 그릇
свёкор	시아버지
свекро́вь	시어머니
сватовство́	중매, 혼담, 구혼
светофо́р	신호등
сво́йственный	고유의, 타고난

сда́ча	거스름돈	те́сто	반죽
сейф	금고	тесть	장인
селёдка	청어	тёща	장모
селёдка под шу́бой	양파와 청어로 만든 요리	ткань	천
серви́з	식기 한 세트	торопи́ться нсв / поторопи́ться св	
сервю́га	용철갑상어		서두르다, 재촉하다
синте́тика	종합적, 합성의	то́стер	토스터
ска́терть	식탁보	трансли́ровать	중계하다
сковорода́	프라이팬	тра́пеза	공동식탁, 식사
сладкое́жка	단 것을 좋아하는 사람	тра́тить нсв / потра́тить св	
сласте́на	단 것을 좋아하는 사람		낭비하다
слу́жба	직무, 근무, 서비스업체	тротуа́р	인도
слу́жба знако́мств	중매업체	трудого́лик	일 중독자
сму́глый	거무스름한	трудоустро́йство	구직
снима́ть нсв / снять св		ту́мбочка	침대 옆에 놓는 작은 장
	세 얻다, 임차하다, 떼어내다, 벗다	тысячеле́тие	10세기, 천년간, 천주년 기념
собесе́дование	면접	тю́бик	튜브
сова́	부엉이, 늦게 자고 늦게 일어나는 사람		

У

соло́нка	소금 그릇
соля́нка	절인 배추, 야채, 고기로 만든 요리
соста́в	총 구성원
специ́фика	특징

убира́ть нсв / убра́ть св	청소하다
у́дочка	낚시대
укло́нчивый	양보의, 겸손한, 회피적인
уме́стный	적당한, 시기 적절한
уха́	생선수프, 맑은 국
уха́живать нсв / поуха́живать св	보살피다, 구애하다, 아첨하다
ухо́д	퇴거, 탈퇴, 간호
ушиби́ться св / ушиба́ться нсв	타박상을 입다

спра́вить св / справля́ть нсв	축제, 제전을 행하다
ста́вить нсв / поста́вить св	세워놓다
ста́лкиваться нсв / столкну́ться св	부딪히다, 충돌하다
стартова́ть нсв	출발하다
стоя́ть нсв / постоя́ть св	서 있다
субста́нция	실체, 본질
суета́	공허, 허무, 무상, 큰 소동, 공연한 소동
су́хость	건조, 무미건조
сы́тный	자양분이 많은, 배를 부르게 하는, 수입이 많은

Ф

фана́тик	광신자, 열광자
фантазёр	몽상가
фасо́ль	강낭콩
фасо́н	형, 형태, 옷 스타일
фарш	잘게 간 고기
фейерве́рк	불꽃
фельето́н	신문의 칼럼
филармо́ния	필하모니
фо́кусник	마술사, 변덕쟁이
фо́рмула	공식

Т

тапёр	무도회의 피아니스트
та́почка	슬리퍼
телема́н TV	TV를 많이 보는 사람
темпера́мент	체질, 기질
теснота́	비좁음, 협소함

Х

хала́т	폭이 넓고 긴 실내복, 가운
хво́йный	침엽수의
хихи́кать нсв / хихи́кнуть св	히히하고 웃다, 몰래 웃다
хле́бница	빵 접시
хло́пнуть св / хло́пать нсв	쿵, 탕 소리를 내다, 박수 치다
ход	진행, 행진, 발전, 경과
в ходу́	많이 사용되고 있다, 유행이다
ходьба́	보행
худоща́вый	여윈
хулига́нство	난폭한 행위, 망나니 짓

Ч

ча́йник	찻주전자
ча́стный	개인의, 사유의
ча́стная пра́ктика	개인병원
чек	수표
червя́к	지렁이
чо́порный	너무 격식에 얽매인, 지나치게 공손한
чуда́к	괴짜
чу́ткий	민감한, 동정심이 많은
чу́чело	박제, 허수아비, 추한 사람

Ш

шаг	한 걸음
в двух шага́х	바로 옆에
шала́ш	천막
шампу́нь	샴푸
ша́почное знако́мство	조금 아는 사이
шате́н	갈색머리 남자
шве́йный	재봉의
шепта́ть нсв / пошепта́ть св	속삭이다
шика́рный	세련된, 멋진
ши́шечка (ши́шка의 지소형)	혹, 방울열매
шкату́лка	보석함
шо́рты	반바지
што́ра	커튼, 걷어 올리는 커튼

Щ

щено́к	새끼(개, 늑대, 여우 등)

Э

эквивале́нтность	등가
эквивале́нт	등가물
экраниза́ция	영화화
экспеди́ция	탐험
экстрава́гантный	특이한
электри́чка	전기기차
эскало́п	고기 버터 구이
этнографи́ческий	인종학의, 민속학의

Ю

ювели́р	귀금속, 보석공

Я

я́рус	단, 층, 관람석의 각 계단

표현 Выражения

брать все на себя 모든 책임을 지다
броса́ть нсв / бро́сить св де́ньги на ве́тер 돈을 물쓰듯 쓰다
вжива́ться нсв / вжи́ться св в роль 주어진 역할에 익숙해지다
встать на́ ноги 자립하다
вста́ть чуть свет 새벽에 일어나다
встреча́ть хле́бом и со́лью 환대하다
вы́бросить из головы́ 완전히 잊다, 신경 쓰지 않다
дать петуха́ 고음으로 노래할 때 실수하다
до́брая полови́на 반 이상
(у кого) дом-по́лная ча́ша 모든것을 갖춘 행복한 가정
душа́ в ду́шу 사이 좋게
ещё чего́! 그런 게 어디 있어! (부정의 대답)
заблуди́ться в трёх со́снах 간단한 일에서 헤메다
жить на широ́кую но́гу 호화롭게 살다
жить как ко́шка с соба́кой 견원지간으로 살다
игра́ть пе́рвую скри́пку (어떤 일을) 주도하다
куда́ глаза́ глядя́т 발길 닿는 대로
ма́стер на все ру́ки 손 재주가 좋은 사람
не за гора́ми 가까이, 멀지 않게 (시간적으로)
ни за что́ на све́те! 어떤 일이 있어도 (안 하겠다)
ну и зря! 괜히 했다! 하지 말걸 그랬다!
оде́ться с иго́лочки 옷을 잘 차려 입다
па́льчики обли́жешь 아주 맛있다
рабо́тать спустя́ рукава́ 수수방관하다
сыт по го́рло 배가 꽉 찼다
то́лько что 방금
уходи́ть с голово́й (в рабо́ту) 일에 몰입하다, 집중하다
(экза́мены) на носу́ 코 앞에 있다
это мне не по карма́ну 너무 비싸다, 나의 형편에 안 맞다

속담   Пословицы

В тесноте́, да не в оби́де.   좁지만 사이좋게 지낸다. 가난하지만 행복하다

Встреча́ют по одёжке – провожа́ют по уму́.
    처음 만날 때는 겉모습으로 판단하지만, 알고 지내면 내면으로 판단한다.

Дарёному коню́ в зу́бы не смо́трят.   선물에 대해서는 평가하지 않는다.

Де́лу-вре́мя, поте́хе-час.   일할 때가 됐다.

До́ма и сте́ны помога́ют.
    집에서는 벽도 나를 돕는다(집은 항상 편안하고 이해받을 수 있는 곳이다).

Дорога́ ло́жка к обе́ду   모든 것은 때가 중요하다

Медве́дь на́ ухо наступи́л.   음감이 없다. 음치이다.

Мой дом-моя кре́пость. (=Дома и стены помогают).
    내 집은 나의 요새이다.

На вкус и цвет това́рища нет.   모두 취향이 다르다.

Не до́рог пода́рок, дорога́ любо́вь.
    선물이 중요한 것이 아니라 마음이 중요하다.

Не жизнь, а Ма́сленица.   일이 잘 풀려서 행복하고 편안하다.

Незва́нный гость ху́же тата́рина.
    초대받지 않은 손님은 도둑보다 못하다.

Не ме́сто кра́сит челове́ка, а челове́к ме́сто.
    자리가 사람을 빛내는 것이 아니라, 사람이 자리를 빛낸다.

Под лежа́чий ка́мень вода́ не течёт.
    움직이지 않는 돌 밑에는 물이 흐르지 않는다(노력하지 않으면 아무 것도 얻을 수 없다).

Путь к се́рдцу мужчи́ны лежи́т че́рез желу́док.
    남자의 마음으로 가는 길은 위를 통한다(남자는 음식 잘하는 여자에게 마음을 준다).

С ми́лым рай и в шалаше́.
    사랑하는 이와 함께라면 천막 속에서 살아도 천국이다(사랑하면 가난해도 좋다).

Сам себя́ не похва́лишь – никто́ не похва́лит.
    나를 인정할 사람은 나 밖에 없다(자기 자랑을 하고 나서 민망할 때)

Ти́ше е́дешь – да́льше бу́дешь.   천천히 가야 멀리 갈 수 있다.

Чем бога́ты, тем и ра́ды.   차린 것은 없지만 맛있게 드세요

Язы́к до Ки́ева доведёт.   물어 물어 가면 어디든지 갈 수 있다.

러시아 교육문화센터
뿌쉬낀하우스

교육센터 / 문화센터 / 출판센터
Tel. 02)2237-9387 Fax. 02)2238-9388
http://www.pushkinhouse.co.kr